国际时尚设计丛书·服装

全球化
时尚产业成本控制

COSTING FOR
THE FASHION
INDUSTRY

娜塔莉·埃文斯（Nathalie Evans）

[英] 迈克尔·杰弗里（Michael Jeffrey） 著

苏　珊·克雷格（Suan Craig）

陈学军　何健芬

U0740092

中国纺织出版社有限公司

内 容 提 要

本书从时尚产业的特点与风险入手，介绍了其成本核算的原则与成本构成、各项成本的计算方式与关键绩效指标，以及相关案例，还包含了与时尚产业的全球化及海外采购服装成本相关的内容。全书较好读懂，不涉及过于复杂的数学计算过程，读者仅需要具有简单的加、减、乘、除的计算能力就能够计算明白。同时书中还配有丰富的案例供读者参考。

本书不仅适合时尚专业相关的学生阅读，也适合广大想要了解时尚产业相关的成本核算的行业人士使用。

原文书名：Costing for the Fashion Industry
原作者名：Nathalie Evans, Michael Jeffrey， Susan Craig
© *Nathalie Evans, Michael Jeffrey and Susan Craig, 2020*
This translation of *Costing for the Fashion Industry* is published by arrangement with Bloomsbury Publishing Plc.

本书中文简体版经 Bloomsbury Publishing Plc 授权，由中国纺织出版社有限公司独家出版发行。

著作权合同登记号：图字：01-2023-2086

图书在版编目（CIP）数据

全球化时尚产业成本控制/（英）娜塔莉·埃文斯，（英）迈克尔·杰弗里，（英）苏珊·克雷格著；陈学军，何健芬译. —北京：中国纺织出版社有限公司，2024.9
（国际时尚设计丛书. 服装）
书名原文：Costing for the Fashion Industry
ISBN 978-7-5229-1277-6

Ⅰ.①全… Ⅱ.①娜… ②迈… ③苏… ④陈… ⑤何… Ⅲ.①服装工业－成本控制－研究 Ⅳ.①F407.866.72

中国国家版本馆CIP数据核字（2023）第253805号

责任编辑：李春奕 张艺伟 责任校对：高 涵
责任印制：王艳丽

中国纺织出版社有限公司出版发行
地址：北京市朝阳区百子湾东里A407号楼 邮政编码：100124
销售电话：010—67004422 传真：010—87155801
http://www.c-textilep.com
中国纺织出版社天猫旗舰店
官方微博 http://weibo.com/2119887771
三河市宏盛印务有限公司印刷 各地新华书店经销
2024年9月第1版第1次印刷
开本：787×1092 1/16 印张：13.75
字数：212千字 定价：69.80元

序

学生们被时尚产业吸引的原因有很多，比如他们喜欢时尚，对服装和面料充满热情，渴望参与到充满活力的服装行业中，期待成为时尚产业的一分子。这都得益于那些光鲜的杂志、电视节目、网络资源和媒体博主等对年轻人的宣传影响。那些可以提供时尚潮流课程和就业资源的高校深受学生欢迎，学校每年都会收到大量的入学申请。虽然这些高校的每一位毕业生并非最终都能成为出色的服装设计师，但其中的大部分人会在整个时尚产业供应链中找到合适的工作。

学生的家长或相关人士通常会认为，英国的服装制造产业大幅萎缩，变成了"夕阳产业"。但事实上，时尚产业依旧是一个充满活力的全球化产业，价值数十亿美元，拥有众多的国内和国际就业机会。如今，我们衣橱里的衣服比以往任何时候都多，专业的高性能服装也比以往任何时候都多。

与此同时，时尚产业目前也面临着巨大的挑战，这些挑战往往与环境保护、道德观念、快速多变的技术和时尚产业基地的转移有关系。但从就业相关的新视角来看，所有这些挑战都将为进入时尚产业的毕业生提供更多、更精彩的就业机会。

学生们一旦开始学习，就会发现专业课程的技术部分往往比他们预期的更难学，因为有许多新技能需要学习，包括面料的结构和性能、图案结构的技术知识、计算机辅助设计（CAD）、服装结构和供应链管理等。他们还会发现，时尚产业也需要精打细算，为获取利润而控制成本。不仅要控制制造成本，也要控制采购成本，因为这些都会影响到服装的最终价格和获得的利润。毕业后，一些学生会去找工作，一些学生则会自己创业，还有许多学生在上学期间就开始创业并在毕业后继续经营自己的生意。因此，在利润驱动的时尚产业中最重要的是要具有商业敏锐度才能兴旺发展。

本书适合想要了解与服装行业或时尚产业相关的成本核算的读者阅读学习。琼斯

（Jones）提供了有助于理解专业术语的学习场景，他将供应链定义为相互独立但有着共同努力目标（如生产服装）的公司。然而，服装、时装和成衣等术语在特定的语境经常出现，这与琼斯的定义不同，它们不属于同一范畴。

本书的目的是向读者介绍成本核算的原则、成本的构成，以及在考虑成本核算问题时需要用到的专业术语词汇，通过较简单的方式逐渐引入计算。需要强调的是，本书没有复杂的数学计算过程，读者仅需要具有加、减、乘、除的计算能力就足够了，用便携式计算器就可以处理相关计算。在此修订版中，我们在第 1 章 "中小型（SME）服装企业"中提供了关于如何通过使用关键绩效指标（KPI）来管理企业风险的有用建议。

第 1 章概述了企业家与经营者如何发展自己的业务，还总结了三个关于中小型企业服装供应商的案例研究结果，同时案例研究将在本书每一章的最后介绍。这也反映出近年来英国中小型服装供应商企业数量不断增加的事实。在前两章中，还介绍了这些企业成功的一些关键因素，在第 2 章中重点介绍了该领域的关键绩效指标。

本书还包括了与时尚产业的全球化及海外采购服装成本相关的内容，以反映时尚产业在英国和国外的当前状况。第 3 章介绍了服装生产所涉及的内容，也就是将面料转化为服装的过程。学习服装设计和时尚买手专业的学生了解这些生产过程是十分必要的。服装的生产不仅在英国或欧洲进行，而是在世界各地进行，除了技术进步造成的差异外，这些服装的生产过程大致相同。

本书对成本核算的讲解从产品成本的要素着手，同时也关注其他问题，如边际成本、标准成本、成本的变化性质以及利用作业成本法计算产品成本的新思路。考虑到学生就业后还可能涉及资本投资的领域，因此还介绍了时尚产业背景下的资本投资评估，并做了相应的案例分析。

书中的每一章还附有拓展阅读的书目，便于让学生进一步了解其感兴趣的课程的主题，在全书最后我们还列出了更详细的参考文献。

本书更适合服装和时尚专业的学生阅读的原因是这比教授标准成本法的教材更容易理解，并且不包含标准成本法教科书中可能出现的详细技术问题。如果学生需要了解这方面的更多细节内容，可以学习参考标准成本法的教材，这在本书第 6 ～ 第 14 章的结尾有更详细的说明。本书也适合那些已经在时尚产业工作的人，因为可以让他们更好地理解和应用这些成本核算原则，并为他们在实践中学到的东西提供正式的架构。

本书并不是专门为会计专业的学生而写的，他们可能会发现服装行业内的某些特定方法比他们在会计专业学到的通用知识更有用。

本书包含了一些关于记录成本的信息，但没有详细介绍成本账目及其与企业财务账目的对账。从技术角度来看，也没有处理在使用归纳成本法时出现的过度归纳或归纳不足的问题。同时，本书只关注财务原则问题，并不涉及详细的计算机应用问题。本书也不涉及财务会计或税务问题，因为财务会计和税务是另外的课题，需要从不同的侧重点进行阐述。

本书中的章节还包含活动和习题的部分，能够帮助学生理解每一章的内容并练习所学到的方法，进行这些活动和习题将有助于整个学习过程。本书最后还给出了大部分习题的参考答案，但还是希望读者在独立完成习题之前不要看答案。

除了在本书中章节末尾提供的阅读书目外，还建议读者去阅读相关期刊和杂志，这是了解行业最新动态的好方法。以下这些期刊和在线资源将能够帮助您更广泛地了解全球时尚产业研究的背景，并了解该工作领域。

英国时尚零售业杂志 *Drapers*

全球知名数据分析和咨询公司 GlobalData

Just-Style.com

英国行业杂志《零售周刊》*Retail Week*

纺织情报社 Textiles Intelligence

纺织技术文摘数据库 Textile Technology Index

英国时装商业网站 The Business of Fashion

《时尚营销与管理杂志》*The Journal of Fashion Marketing and Management*

希望本书能帮助您了解"成本"这个可能看起来令人生畏的话题。

目录

第1章 中小型服装企业

引言

目前学术界已有的关于英国企业家和中小型企业的研究文献十分丰富，但其中很少有文献是专注于研究服装企业的。这些服装企业是指从海外工厂或代理商处购买商品，并直接或通过代理商与分销商出售给零售商的企业。本章研究了三个英国中小型服装企业的案例，其研究结果与其他文献中的研究结果相同。研究结果表明，个人开始创办和管理企业的原因有很多种，如想要更加独立、追求个人成就、获得经济收益或获得认可等。然而，有些人在希望获得稳定收入的同时，又不想损失创业的本金，甚至根本拿不出创业的本金，或者是害怕承担风险以及怀疑自己的能力，这些人创业可能会是痛苦的。因此，创业公司并不适合所有人，创业需要韧性、信心、自力更生、商业敏锐度和某些特质。但有一件事情是肯定的，那就是企业家一定是顽强的和睿智的。

由于中小型企业是本章的介绍重点，因此有必要明确微型、小型和中型企业的定义。一般情况下，大家对此达成的共识是：微型企业雇佣不超过10人，小型企业雇佣不超过50人，中型企业雇佣不超过250人。

中小型企业的企业家

中小型企业的部门设置差异较大，往往依据企业管理者自身的个性、技能和经验而定。这就意味着管理者的管理风格千差万别，这也会直接影响企业的经营业绩。本节将探讨一些企业家的主要特征，而下一节则会侧重于经营策略的研究。

　　企业家经常能够克服障碍，不顾现有的可用资源而去追求前景，因为他们看到的是可能性而不是问题。他们是变革的推动者，并且可以将人员、金钱和其他资源结合起来提供就业机会。此外，他们往往思维敏捷而且是机会主义者，并拥有强大的人际关系网，总能找到合适的人为其工作。他们通过招募和培养人才构建了企业的动态能力，当新的工作前景出现时，他们可以放弃手头的一些工作而专注于新机会，同时依然可以完全控制原有业务。他们的工作场所往往具有一种随意感，甚至看起来还有些混乱，但企业家所具有的直觉可以告诉他们哪些是核心业务，因此他们的这种随意设置看起来也挺成功的。

　　企业家有着快速反应能力和行动力，结合他们的人际关系网，使他们能够快速把握机会。正是由于具有这些能力，他们可以与供应商等人建立牢固的合作关系。例如，他们可以通过协商减少交货时间和成本，这种建立起来的信任就是一种竞争优势。

　　并非所有企业家都是天生的管理者，也并非所有管理者都可以成为企业家。企业家具有创新精神和冒险精神，但并不能对其业务的各个方面都有深入的了解，因为他们经常依靠员工来处理日常问题。他们更倾向于关注大局而不是细节，这可能会导致决策具有随意性。由于内部和外部环境的不同，即使是拥有同样资源和机会，以及面临同样风险的两个企业家，最终所获得的成就水平也不一定相同。这意味着企业家需要做出管理方式的改变，但要认识到的是这些改变取决于企业家的个人领导风格。一些企业家具有权威性，可以采用自上而下的管理方法，另一些企业家则创建了鼓励集体努力的非正式结构，还有一些企业家认为应该根据员工的表现赋予他们相应的权力和奖励。这些领导风格都会影响企业绩效、员工流动率和企业成长策略。

经营策略

　　在英国，中小型服装企业在国外市场寻找发展机会是很常见的。受国内市场的经济环境和国内市场的饱和以及业务增长需求的影响，企业可能随时开始海外扩张计划。一些中小型服装企业从一开始就满怀全球化的雄心出口商品，网络零售业务也使这一点变得更为便利。然而，大多数传统的中小型服装企业都先在国内市场经营多年，然后才逐渐进军国际市场。随着越来越多的学生和毕业生开始创业，他们熟悉最新的技术，拥有商业全球化的思维，并且他们的母校也支持他们的创业活动，传统的经营模式逐渐发生改变。对于传统企业来说，进入国外市场的主流模式是通过代理商或分销商等中介机构进行的。这是因为这些中介机构多数是本地人，熟悉当地文化并且了解本土市场，明白产品系列该如何适应市场，这就是明显的商业优势。有趣的是，有些业务经常是在无意间开展的（如在某次专业贸易展会上偶遇），这些都是低风险的商业机会。中小型企业的所有者会通过策略规划来制定愿景和目标，但这些决策很容易受到交易环境波动的影响。

尽管全球市场日益同质化，但在国外销售的商品往往需要进行一定程度的调整来适应当地的市场条件，如包装和标签以及部分产品系列的调整，这些都需要额外的资源，因此企业需要尽量减少这种调整。

实体店的时装零售商正在苦苦挣扎，因此对其供应商不断提出更高的要求。一方面，零售商必须通过销售令人心动的产品系列来满足消费者不断变化的时尚品位；另一方面，他们还需要实现销售目标和利润来维持店铺的运营。同时，中小型服装企业也在做出努力，因为零售商的订单量在减少，并要求更短的交货时间和更低的价格。因此，服装企业需要做出管理决策来进行评估，包括他们现在所处的地位、他们想要到达的地位以及如何到达那里。作为其战略规划的一部分，他们可能会决定将其业务国际化。为此，他们可以使用 PESTEL 分析法（大环境分析法），包括政治因素、经济因素、社会文化因素、技术因素、环境因素和法律因素六个方面，以全方位分析他们希望进入的国家或地区的市场环境。像科尔尼咨询公司（AT Kearney）和欧睿信息咨询公司（Euromonitor）这样的专业组织，就可以提供有关市场吸引力、经商便利度、贪腐情况、GDP、技术进步等方面的关键绩效指标。将这些知识结合 SWOT 分析法［是将对企业内外部条件各方面内容进行综合和概括，分析企业的优劣势、面临的机会和威胁，进而帮助企业进行战略选择的一种方法。S 是指企业内部的优势（strengths），W 是指企业内部的劣势（weakness），O 是指企业外部环境中的机会（opportunities），T 是指企业外部环境中的威胁（threats）］，就可以帮助企业实现其国际化目标。此外，企业可以通过创新的设计、包装和品牌理念来保持竞争优势，并延长其产品的生命周期。

流程、产品和服务

此部分内容讲解涉及中小型服装企业的设计、管理和流程改进，不仅要满足客户的基本需求，还要为客户创造更大的价值。

研究表明，业务目标和流程的制定往往是依据过去和现在的业绩中的销售预测来进行的。销售策略通常要与销售团队共同制定，而不是与那些倾向于通过道听途说而获得信息的员工。为了制定销售策略，企业家必须及时了解时事动态并关注劳动成本、汇率、棉花价格、商业街的发展和并购等情况。他们还要与客户协商了解并预测订单规模，以便能提前安排工厂的产能，这一举措能帮助企业做现金流预测。现金流预测很关键，因为融资和现金流是困扰中小型服装企业的主要问题。

困扰中小型服装企业的另一个问题是样品，其困难在于如何获得商业上可行的销售样品并交给买家。最初，销售团队会向买家展示该产品系列的计算机辅助设计的服装样式，买家会在下单前选择其中的部分产品并获取实际样品。如果实际样品与想要出售的商品完全不同，买家就根本不会下单。为了减少高额的样品生产成本，工厂通常会发送"尺码版"样品给买家确认服装的尺寸规格，但这些不是真实的销售样品。如果样品不能反映设计师设计的服装效果，也会失去销售机会。以英国为例，通常样品需要 4 ~ 6 周才能到达英国，并且样品的面料、颜色常常不正确，而且服装上的一些装饰物会与其他部分产生冲突。工厂经常抱怨他们之所以无法生产正确样品，是因为生产还没有开始，只能从市场上购买一些相似的零部件替代。样品不是免费的，是工厂为了获取订单的必要投资，然而工厂还是不愿意生产它们，因为这也需要大量劳动力成本且利润不高，但如果工厂采取正确的抽样策略，就可能产生更多订单，从而实现双赢。

在案例研究中，有一家企业在为另一家知名的平均每季需要 300 个样品的在线零售商供应产品时遇到了很大困难。其管理难点在于，企业要求工厂生产的样品可以直接用于电商网站的拍照工作。由于他们无法控制供应链，他们只能依赖中间商向工厂施压，要求生产可以直接用于销售的样品。此外，这种情况对于跟单人员来说也非常耗时，他们必须不断追踪、退回或订购额外的样品，为此不得不安排更多的工作人员。因此，企业应通过实施抽样策略来增加销售机会、减少员工工作量并改善现金流。通过对另一家公司的调研了解到，高质量的销售样品会促进销售额的增长，并改善与现有客户的关系。因此，企业采取的策略是在制造国设立办事处，以便更好地控制供应链。通过这样做，他们可以获得在两周内生产销售样品的竞争优势，进而提高销售额。

很多服装企业家往往需要身兼数职，导致缺乏时间、资源和现金流。尤其是在市场如此不稳定的情况下，又需要他们做出快速的反应，使他们没有时间来制定战略。例如，来自 A 公司的保罗（Paul），他不断寻找机会和渠道来处理库存。由于案例研究中出现的三家企业的领导风格和组织结构的不同，并不是所有的经营者都能认识到组织变革的必要性。

习题

本节包含对三家位于英国的中小型服装企业的相关案例研究，三家企业分别被称为 A 公司、B 公司和 C 公司，这些习题仅供讨论，可以在本书"习题答案"部分找到思考的要点。当你学完了本章的第 1 ~ 第 4 节内容，就可以通过这些案例进行学习研究。

A 公司

A 公司于 20 世纪 90 年代初成立，是一家经营廉价运动装和童装的进口商。该公司在英国境内外都提供婴儿装和童装，其产品的制造和加工过程主要由在远东运营的中介机构负责监督。该公司与零售连锁店、代理商、授权商和分销商等伙伴建立了合作关系，授权产品扩展到了各种类别，包括服装、鞋类、眼镜、文具、运动器材、礼品和玩具。

1997 年，A 公司新成立了一家运动服装公司，主要负责生产和分销国际知名品牌（已获得授权许可）以及自有品牌。公司团队拥有丰富的管理经验，并专注于在英国和全球建立品牌分销渠道。

2002 年，A 公司成立了另一家童装公司，主要负责生产和分销自有品牌的婴儿装和童装，并雇用了 27 名全职员工和 2 名自由设计师。

当时，这三家公司共同组成了一个集团，共雇用了 100 名员工，营业额为 3800 万英镑。集团与品牌商、折扣店以及邮购公司进行交易，其商品会在英国和欧洲其他地区的许多零售店进行销售。他们还为 TK Maxx、Ethel Austin、Intersport、欧尚集团（Auchan）、家乐福集团公司（Carrefour）、The Burton Group、C&A、马特兰（Matalan）、老佛爷百货集团（Galleries Lafayette）、JD Sports、Littlewoods、乐购（Tesco）和 Topshop 等企业提供服务。多年来，A 公司虽然以卓越的客户服务赢得了声誉，并努力与代理制造商保持良好的合作关系，但 A 公司的业务渐渐开始失去了重点和方向并陷入困境，其短期内重新获得成功的主要原因是取得了某知名服装品牌的授权许可。目前该集团已经不再从事贸易活动，但其婴儿装和童装业务仍在进行中。

集团剩余的公司采用合作的方式，其核心在于配备最新的 IT 和 CAD 系统高度专注的设计部门，拥有灵活的内部控制系统和仓储设施可以快速满足客户的需求。

问题

1. 为什么集团在仍有一项业务进行的时候解散？
2. 请为集团剩余的公司提出增长策略，可参考本章末尾拓展阅读部分列出的科尔尼咨询公司的报告来做出判断。
3. 审查该集团提供的零售商名单，并确定哪些零售商将是公司剩余业务的合适人选，并说明原因。

B 公司

B 公司于 1999 年成立，积累了多年的经验，主要为许多零售商供应童装以及一些女装和男装。公司拥有一个由设计师、服装技术人员、采购员和客户经理组成的团队，企业规模中等，共有 21 名全职员工。

该公司为博登（Boden）、The White Company 和约翰·路易斯（John Lewis）等公司供应童装。它还生产自有品牌的童装和婴儿装，并通过交易网站和参加伦敦的 Bubble 展会等贸易展销会进行销售。尽管参加展销会要产生间接成本，但这是一个值得的销售策略，因为小型独立精品店老板会参加展会并下单，这就节省了客户经理前往许多小型独立精品店的时间。而管理品牌的职责落在一个人身上，他必须负责拍摄服装并将它们上传到网站上，还要把产品发送给个人买家或小型精品店，并且需要计划和参加相关交易会。尽管销售主管付出了很大努力，但公司的库存仍然过多，影响到了现金流。

B 公司员工流动率低，没有进行定期评估。正如预期的那样，销售人员以目标为导向，并在企业负担得起的情况下获得奖金。领导不仅根据销售额来奖励销售团队，还会考虑其账户里的资金。当有多余资金时，他会慷慨地对待他认为有贡献的员工。领导通常会在节日前发放现金奖金，在其他时间段赠送一些昂贵的礼物来奖励员工，而员工的薪金水平会每年审核一次。

B 公司对新员工不进行培训，强调在工作中学习。新员工每天都会被评估他们融入团队和完成工作的能力，直到员工被认为能够适合该职位。员工之间还会通过组织社交活动来促进同事关系。老板也实行开放的工作政策，很乐意亲自与员工交谈或帮他们与上司直接沟通。

B 公司采用向零售商供货的方式直接向欧盟销售产品，并且已经持续了八年。因此，公司业务没有直接与市场接触，公司客户主要是博登和凯茜·琦丝敦（Cath Kidston）等多渠道零售商。

供应链管理是 B 公司在销售和物流方面的挑战，因为欧盟订单的包装和运输要求很复杂，需要将经过调整的包装、服装标签和纸箱标记运送到相关国家周边的仓库。虽然欧盟订单量比英国小，但公司也不能放弃该业务，否则会影响在英国的本土业务。

问题

1. 你会提出哪些解决方案来减少 B 公司自有品牌的库存量？
2. 请指出 B 公司的哪些部分业务是标准化的，哪些部分是可调整的。
3. 请评估该领导的管理风格，如果你是该公司领导，你将会实施哪些改进措施？

C 公司

C 公司于 2012 年被一家大型美国制造和零售集团收购，成为该集团的子公司。在此之前，它为了减少员工间接成本并实现灵活的供应链，于 2005 年在中国开设了办事处，并将其大部分业务转移到了中国。正是由于这一商业策略的出色表现，令集团印象深刻，从而促成此次收购。该集团是一家多渠道零售商，通过交易网站和分销商网络在欧洲销售产品，此次收购也意味着 C 公司同时获得了欧洲境内的仓储和分销设施的使用权。

集团通过官网和中介机构，在美国和世界各地的零售店设计、制造和分销商品。集团的全球业务由位于纽约的公司总部以及遍布亚洲、欧洲、美洲和澳大利亚的分支机构负责。集团在全球拥有七个最先进的配送中心，并在美国运营着六个制造工厂。

2011 年，C 公司认识到要在竞争激烈的市场中运营，必须在定价和促销活动方面维持利润率。为了避免由于客户偏好变化而导致的库存积压和库存贬值的问题，C 公司试图通过在 FOB 报价（国际贸易术语中的船上交货价）的基础上供应库存来缓解低利润率的问题。2012 年，公司将债务因素考虑进报价之中。FOB 是一种尽快获得现金的方式，可以最大限度地降低债务人付款缓慢带来的风险，可以确保公司合理的现金流。C 公司表示正在利用其在远东的采购能力不断开发新的海外市场。

此次收购对 C 公司的业务产生了很大的影响，公司变得更加企业化。如每月都有时事通讯，工作中禁止使用脸书（Facebook）。虽然公司在英国受到了裁员和搬迁的影响，但成为国际企业的一部分也意味着增加了国际收入，这一战略为公司的业务带来了回报。

问题

1. 请指出集团收购的 C 公司业务的优势和劣势。
2. 请评估不同的运输方式（在第 4 章中进行了讲解）及其对卖家和买家的积极和消极方面的影响。
3. 你认为如果 C 公司在没有集团收购的情况下，还能开展相关业务吗？如果 C 公司没有被收购，请为公司提出一个国际化销售战略并加以证明。

拓展阅读

AT Kearney（2017）*The Age of Focus*. The 2017 Global Retail Development Index ™.

Bell, J., McNaughton, R., Young, S. and Crick, D.（2003）'Towards an integrative model of small firm internationalisation'. *Journal of International Entrepreneurship*, 1（4）pp. 339–62.

Bolton, B. and Thompson, J.（2004）*Entrepreneurs：Talent, Temperament, Technique*（2nd ed.），Oxford：Elsevier Butterworth-Heinemann.

Burns, P.（2011）*Entrepreneurship and Small Business：Start-up, Growth and Maturity*（3rd ed.），Hampshire：Palgrave Macmillan.

Burns, P. (2014) *New Venture Creation*：*A Framework for Entrepreneurial Start-ups*, Hampshire：
Palgrave Macmillan.

Hines, T. (2013) *Supply Chain Strategies*：*Demand Driven and Customer Focused* (2nd ed.)，London；
New York：Routledge.

Hollensen, S. (2014) *Global Marketing* (6th ed.)，Harlow：Pearson Education Limited.

第 2 章　风险管理

引言

风险指遭受损害、伤害或不利的可能性，是业务的固有部分，风险在每种行业类型中都有着不同的存在形式，也会产生不同程度的影响。因为每个行业在应对其运营、竞争环境和所需响应速度等特定因素时，都会有一些特殊的问题或处理方法。如果企业要制定应对措施以避免或降低风险，则需要识别可能影响其运营的潜在风险，并根据感知的风险水平和对风险的控制程度进行从监测到直接行动和干预的过程，这就是风险管理。

本章简要介绍全球时尚产业内的风险及其管理方式，因为不可能识别和讲解所有类型的风险，因此本书仅介绍了目前影响零售时尚行业的一些主要风险。

本章还介绍了关键绩效指标（KPI），说明了在考虑公司当前和未来目标达成水平时，如何使用 KPI 来监控、评估和改善公司的财务绩效。

风险管理的重要性

全球时尚产业比其他许多产业更容易面临风险，因为服装尤其是时装并不是生活必需品，而被视为消费者可自由支配的选择。因此，在经济困难或不稳定的时期，消费者可能会迅速减少对时尚产品的消费。

由于时尚产业正变得越来越全球化，时尚零售商销售范围的扩大、更多外包以及普遍扩展其全球供应链等造成的影响，都需要从风险角度进行仔细考虑。业内经营者需要注意影响其整个销售和供应链的文化、经济、社会、技术、政治和自然因素，这些影响因素每一项都伴随着不同程度的风险，有些可能在零售商和供应商的控制范围内，有些则无法控制。如果不考虑这些潜在风险并制订应对计划就可能会对业务造成极大损害，不仅是利润的重大损失，甚至可能是破产清算。与企业一样，如果你打算在时尚产业工作，你也需要学会识别风险。在此之前，首先要了解影响企业的不同风险类型。

风险管理类型

风险管理可以分为两大类，包括业务风险管理和财务风险管理。在下一节将进一步分析这两类风险，并举例说明它们在时尚产业中的体现。

业务风险管理

业务风险管理通常涉及整个业务及其运营环境，要考虑其战略规划、竞争环境和运营方式，以及文化、社会、技术和法律变化等多种因素。这些风险通常可以细分为战略风险、合规风险、运营风险和声誉风险四大类。

战略风险

每个企业都会有一个长期的发展规划，被称为其业务战略。当某些事情干扰到该规划的进程时，如发生了重大的政治或经济问题，就意味着出现了战略风险。

合规风险

时尚企业必须遵守一系列法律法规，其中包括与消费者权益保护、就业、环境保护和产品安全相关的法律或法规。当企业未能遵守法律法规要求时，就会出现合规风险，这通常是由于企业对这些法律法规的要求缺乏认识和理解造成的。例如，一些在英国的服装厂未能达到员工的最低工资要求时，就可能会导致被指控。

运营风险

当企业的日常运营失控时，如供应商未能按计划交付产品或原材料，或关键人员流失等，就会出现此类风险。例如，某著名奢侈品牌最近为了避免其品牌声誉受到影响，解雇了发表不当言论的创意总监，这就造成了运营风险，因为该品牌突然就失去了创意总监。

声誉风险

时尚企业需要依靠与客户建立联系来培养品牌忠诚度并鼓励其不断购买。声誉往往需要花费数年时间才能建立，但却很容易被快速摧毁。特别是由于社交媒体的曝光，一些错误和误解可能会迅速传播，企业为减少对品牌的损害，可能不得不采取一些战略上的艰难决定。例如，一些儿童装扮产品的供应商，因为一起燃烧事故对其业务造成了不利影响，尽管他们的产品完全符合现有的玩具标准，但他们的产品只是满足了较低的玩具安全标准，而不是较高的服装产品标准。因此为了尽量减少对声誉的损害，这些产品的许多零售商在自愿行为准则下采取了更严格的阻燃要求。

财务风险管理

前文提到的每个风险都可能造成收入减少或额外成本的上升。然而，财务风险管理更关注的是企业内外现金流变化的影响。无论出于何种原因，收入下降或成本增加导致现金突然大幅损失，都可能导致其资金不足，无法偿还到期债务或无法进行日常交易。这种资金流动性问题，会导致企业面临被监管或被清算的风险。近年来，时尚产业出现了几个备受瞩目的例子（见本书末尾的习题答案部分）。

财务风险的主要原因

造成全球时尚产业财务风险的潜在原因有很多，其中四个关键因素是汇率波动、对少数主要客户的依赖、主要供应商的流失或供应链中的其他问题，以及高额债务的影响。

由于全球大部分服装采购都是以非当地货币进行交易的，因此国际贸易中汇率的波动就增加了财务风险。交易过程中使用购买和付款时的汇率可能有所不同，其换算之间的差额被称为汇率差额。在会计期间内，如果这种汇率差额累积到相当大的数额时，就被视为一个巨大的财务风险。

示例

以 A 公司为例。

A 公司是一家英国零售商（以英镑为结算单位），B 公司是它的中国供应商（以美元为结算单位），两公司之间的交易记录见表 2-1。

1 月 1 日，B 公司向 A 公司供应服装，总价为 1000 美元，此时的汇率为 1 英镑 =1.3123 美元。

1 月 31 日，A 公司向 B 公司支付了 1000 美元的服装费用，此时的汇率为 1 英镑 =1.2757 美元。

表 2-1　汇率差异说明

日期	交易行为	美元成本	汇率	英镑成本
1 月 1 日	A 公司 买衣服合同	1000.00	1.3123	762.02
1 月 31 日	A 公司 支付衣服 费用	1000.00	1.2757	783.88
1 月 31 日	汇兑损失	—	—	21.86

在时尚产业的制造行业中，企业有一些占其销售收入很大比例的关键客户是很常见的，如果这些主要客户之一延迟付款、企业将面临破产或完全停业，那么供应商将无法按预期获得付款。同样，销售为企业创造了现金流。如果出现供应商倒闭、没有原材料或者原材料迟到等供应链问题，那么企业就无产品销售了。由于恶劣的天气条件，远洋采购也会产生产品延迟或损失的风险，尤其是当生产与销售目的地的地理距离越远时，供应链中断的可能性就越大。所有这些情况都可能造成流入企业的现金流减少或中断，从而导致重大的财务风险。

高额贷款会通过两种方式增加财务风险，一种是通过高额贷款偿还（资本要素），另一种是这些贷款收取的利息，企业必须有足够的现金来偿还。企业还需要考虑，如果利率意外上调，就要有能够偿还突然增加的利息的能力。

制订风险管理计划

　　风险因企业而异，即使是同一行业的企业，由于其运营方式的不同，对风险的容忍度和需要达成的目标也不相同。因此对于企业来说，重要的是进行积极的风险管理，包括识别主要风险，对风险的严重程度进行评估（高、中或低），然后将其与历史经验相结合，以评估发生风险的可能性及其对财务的影响。更重要的是，在这一点上，企业可以根据它是否希望避免风险、最小化风险、减轻风险或接受风险等目标来制订应对这些风险的具体计划，以确保实现长期战略价值，使利益相关者和品牌利益得到保护。制订计划的出发点必须是确定关键业务活动可能受到影响的方式，同时考虑业务对风险的控制程度、对财务的影响以及谁会受到影响等问题。在处理此类问题时，经常采用一系列的"如果……会怎样？"的提问方式，重要的是企业要考虑这些可能出现的情况，既包括正常情况也包括非正常的情况。

影响时尚产业的特定风险

消费者需求和预测问题

　　消费者需求影响着每个产业，尤其在时尚产业中更为明显。时尚零售商在销售旺季到来前几个月就开始着手计划，然后在有限的时间内最大限度地提高销量和收入，因此必须要准确预测。

　　然而，互联网已经改变了时尚市场，使预测当季需求变得越来越困难。消费者几乎可以立即浏览产品信息和价格并获得比较信息，这使他们比以往任何时候都更了解市场形势，优势地位开始从零售商转移到客户。网上提供的免费和实时的直播时装秀，再加上社交媒体中名人的穿着和生活方式（参见第3章）以及个人在社交媒体上分享生活的方方面面，都加剧了这种预测的不确定性。消费者通过时尚选择来表达自己的个人风格和个性，尤其是那些在社交媒体上宣传个人形象的人更是如此。传统的两季上新方式已经不能满足消费者一整年对新产品的需求，这给时尚零售商带来了问题，因为许多消费者都在不断寻找更独特的单品来区分自己，渴望获得更多快速变化的款式来引领潮流，同时还要求价格实惠。

消费者生活方式的变化带来了更多的不确定性和风险，尽管预测微观趋势很难，但在时尚界必须立即做出反应。

时尚零售市场已经过度饱和，客户忠诚度因有更多选择而降低。传统的客户忠诚度来自对价格、产品和服务的更高期望，如果零售商未能满足其中的任何一个要求，那么客户就会流失，从而导致现金流入下降。

大数据、个性化和隐私

扩大产品供应来满足消费者不断增长的需求会增加企业风险。企业可能会因为产品数量不足却提供太多的产品线而导致销售损失，也可能会因为持有过多的库存而不得不打折销售。从行业角度来看，为了提供更加个性化的服务，需要更多的数据，这就会增加数据泄露的风险，从而产生与隐私、数据保护和消费者丧失信任带来的相关问题。消费者通常愿意提供更多数据以换取更好的购物体验，但鉴于最近发生了一系列备受瞩目的公司和社交媒体数据泄露事件，消费者越来越担心隐私泄露的问题。

管理全球关系

为了降低依赖小型供应链的风险，零售商倾向于使用广泛的全球供应链网络，但整个供应链中不同的生产标准和设计导致的一致性不统一的问题，使零售商面临新的风险。为了满足消费者对更低价格的需求，大部分供应链选择了进入劳动力成本低的地区来降低生产成本，但如果该供应链中的工人没有得到公平待遇，也会使零售商面临被指控从事不道德行为的风险。供应链的深度和复杂性使零售商难以有效监控，一旦出现道德问题，消费者和一般公众往往会将责任归于创造产品的品牌或企业，而不管该企业的问题是否是因为供应链中其他环节的过失造成的。

退货

库存过剩的问题主要是由快速变化的需求、产品生命周期短和快速过时的趋势造成的。由于线上销售的回报率通常比线下销售高 20%，因此随着在线销售额的增加，加剧了传统零售商的库存过剩的问题，这使零售商因需要打折产品而面临更大的财务风险。

可持续性

许多消费者将企业的可持续性和遵守道德规范列为影响购买决策的关键因素，尽管有时他们的实际购物行为并不总是与此一致。消费者表示他们正在寻找更有意义的零售关系，更愿意选择企业价值观与其个人价值观相一致的零售商。例如，许多时尚零售商的商业模式采用"即买即弃"的方法，尤其不被"千禧一代"看好，他们往往会在购买前先查看零售商的可持续发展措施，这再次使零售商面临失去销售机会的风险。

行业反应

时尚产业调整其全球采购策略以适应这些风险因素，将大部分短期或非预期趋势的流行产品安排在近岸生产，虽然这样生产的产品成本较高，但因其顺应了流行趋势而能够全价销售。尽管"成本"仍然是一个关键问题，但时尚产业已经认识到需要转向加快供应链以适应市场趋势的变化，并且应该通过节省其他地方的运营成本来弥补这些成本。一些零售商，尤其是那些在快时尚行业运营的零售商，正在利用"测试和学习"的方法，即通过数据分析来确定哪些产品销售良好，然后根据这些信息扩大生产规模以实现效益最大化。

随着消费者品位的快速变化，时尚产业正转向使用大数据来更准确地预测消费者需求，同时降低库存过剩的风险。数据分析的使用还可以通过有针对性的、更加个性化和相关的沟通来提升消费者忠诚度、促进收入增长和改善客户体验。

在大数据的使用过程中，还可以通过观察特定的客户行为来调整供应链，将长期首尾相连的产品开发模式向更敏捷的供应链转变，从而帮助行业提高反应能力。这包括探寻新的生产基地，这些地区不仅在地理位置上靠近终端市场，同时也接近原材料产地并拥有较低成本的劳动力。

数据分析还可以促进销售，使产品能够更适当地配送到某个区域或单个商店，在那里可以通过使用就近仓储来确保消费者更容易获得该产品。

如前所述，大数据的使用会增加数据泄露的风险。零售商目前正在通过加强其数据监控和安全措施来防止这种情况发生，并且政府对数据保护相关法律的部分修改也说明了对数据生成、收集和使用的全球爆炸式增长的认可。

时尚零售商在解决日益增加的退货问题方面变得更加创新，包括实施逆向物流战略，通过成本最低的路线来引导退货。其中一个例子是在先进的人工智能技术支持下，在线下门店开辟专区来负责线上和离线退货以及线上订单的收集。这样做的一个好处是，线上客户进入商店进行免费退货时，可能会在那里产生新的购买行为，改进后的技术也允许线上客户在购买前虚拟试穿产品以检查是否合适。诸如此类的全渠道举措可以提高营业利润率和客户满意度，从而降低回报率提升带来的财务风险。

许多零售商通过公司年度报告中的扩展企业社会责任报告，为公众提供与道德和可持续发展等问题相关的透明度报告。如果这些报告可以与可持续发展相关举措的视觉证据相关联，比如店铺设有服装回收的收集点，则消费者看见后会更有可能相信公司的环保使命和做法，这与其个人价值观相一致，从而降低公众产生负面看法的风险。

但总会存在一些风险，比如恶劣的天气条件和突发事件，这些都是公司无法控制的。然而，这些风险都需要采取行动来减轻其影响。这强调了不依赖有限的供应链，而打造一个可以灵活应对意外事件的敏捷供应链的重要性。

关键绩效指标

关键绩效指标是用于监测和提高业务绩效和竞争力的分析工具和措施，这些措施可以是定量的（如利润率）或定性的（如对品牌道德的看法）。量化指标可以包括财务比率，也可以包括线上的平均"购物车"大小和点击率等指标。此处仅关注流动比率和速动比率（流动性度量）以及毛利率和营业利润率（绩效度量）的财务关键绩效指标（FKPI）。用于计算这些数据的数字可以在企业的交易表、损益表和资产负债表中找到。

使用FKPI时最重要的是要注意它们的局限性。FKPI是根据历史会计数据计算的，意味着这些数据是回顾过去的并被用来解释过去的表现，以此来确定未来可能需要改进的地方。FKPI所依据的财务数据总是具有追溯性的，因此现实中它给出的观点已经过时，企业必须始终结合对业务的详细了解来评估它们的价值以及与当前运营状况的相关性。当企业在持续运营的基础上正确使用时，FKPI 至少会指出何时可能出现绩效或流动性问题，以便及时采取纠正措施。

超出成本核算

简单来说，如果一个企业的收入大于支出，就是盈利的；如果它的支出高于收入，它就是亏损的。企业需要产生足够的毛利润来支付其所有运营成本。以货币单位表示的毛利润越高，可用于支付运营成本的资金就越多，由此产生的运营利润就越高。良好的营业利润往往会转化为良好的流动性（现金流），因此，营业利润水平越高，企业就越有可能产生足够的资金来支持其长期战略。由于毛利润只是产品售价与其购买或制造成本之间的差额，这突显了时尚产业成本核算的重要性。成本相较于售价越高，毛利率越低，现金流可能越低，越容易导致财务风险的增加。

绩效指标

毛利率（GPM）

毛利润在一定程度上可以衡量产品对消费者的价值，消费者对商品的感知价值越高，消费者愿意支付的相对成本的费用就越多。这也是衡量零售商相较于供应商实力的一个指标，企业实力越强零售商就越有可能压低购买其产品的成本，它只考虑产品的买卖价格。毛利润的简单计算公式为：

$$毛利润 = 营业额（销售额）- 销售成本$$

毛利率的计算公式如下：

$$毛利率 = \frac{毛利润}{营业额（销售额）} \times 100\%$$

营业利润率（OPM）

营业利润是指在一段时期内扣除经营（运营）成本后剩余的利润，营业利润率是评估在这一销售阶段所产生的利润水平。营业利润率的计算公式如下：

$$营业利润率 = \frac{营业利润}{营业额（销售额）} \times 100\%$$

行业预期

时尚产业的平均利润预期通过多种来源定期发布，也可以使用公司管理署（Companies House）提供的信息、在线发布的年度报告以及 FAME 和 OSIRIS 等数据库中提供的汇总信息进行计算。可以发现，以这种方式获得的数据显示了零售时尚产业目前最低毛利率目标，即廉价零售商为 20% ~ 25%，中端市场零售商为 50% ~ 60%，奢侈品零售商为 70% ~ 75%；廉价零售商的平均营业利润率为 7%，中端市场零售商的平均营业利润率为 10% ~ 11%，奢侈品零售商的平均营业利润率为 17%，具体见表 2-2。

表 2-2　按市场定位划分的最低目标利润率

市场定位	最低毛利率目标（%）	平均营业利润率（%）
廉价产品	20 ~ 25	7
中端产品	50 ~ 60	10 ~ 11
奢侈产品	70 ~ 75	17

流动性指标

偿付能力是指企业在短期债务到期时偿付的能力。流动性为我们提供了衡量偿付能力的方法，它反映了企业的现金状况：流动性越高，现金流就越强，从而使企业对其利用流动资源来支持其短期和长期战略的能力充满信心，换言之，我们认为企业的偿付能力就越强。衡量流动性的主要指标有两个，即流动比率和速动比率。

流动比率

流动比率显示了一个企业所欠的每个单位的流动负债对应多少个单位的流动资产，其简单计算公式如下：

$$流动比率 = \frac{流动资产}{流动负债} \times 100\%$$

流动比率显示了整体流动性状况，但它的局限性在于没有考虑当前的资产结构。例如，如果企业的流动资产主要是库存，那么它实际上可能没有足够的现金在到期时支付给债权人。出于这个原因，我们可以计算速动比率，这是一个更严格的流动性衡量标准。

速动比率（酸性测试比率）

这一指标的计算不包括库存，这意味着它只考虑现金或接近现金的可用性资产来偿还负债，这样做的原因是：

- "货币资金"是可立即用于偿还负债的实际现金。
- "应收账款"实际上是现金，因为资产已被出售并因此转化为现金，只是尚未收取，但可以在需要时迅速收取。
- "库存"在出售之前不算"现金"，企业不确定库存是否能够出售，或者如果可以出售的话，也不确定该库存的售价以及销售量。

速动比率的简单计算公式如下：

$$速动比率 = \frac{速动资产（速动资产 = 流动资产 - 库存）}{流动负债} \times 100\%$$

速动比率的数值可以更清楚地表明企业偿还短期到期债务的能力。

二者比较

如果流动比率和速动比率之间几乎没有差异，则表明该企业库存很少。在这种情况下，企业可能需要购买更多货品，以确保仍有产品可供销售，为其客户提供足够的选择并可以维持交易。

如果这两个比率之间存在较大差异，则表明该企业持有的库存过多。企业需要采取措施减少库存，可以通过打折出售库存以最大限度地减少剩余库存的风险。

如果流动比率过低，企业应该进行促销，将尽可能多的库存转化为现金，然后用收益购买更多货品并出售。

如果速动比率过低，企业需要持续促销，然后将收益用于偿还债权人，而不是购买更多的货品（因为可能货品起始量太多了）。

行业参数

流动比率和速动比率在不同行业都有一定的合理范围，一般行业（包括服装批发）的流动比率为（1.5∶1）~（2.5∶1），速动比率为1∶1。而时尚零售业的流动比率为（1.3∶1）~（2.5∶1），速动比率为0.9∶1。时尚零售业相比之下的比率起始值较低是因为它是一个流动性更高的行业，因为：

- 大多数销售以现金方式交易。
- 库存周转较快。
- 贸易债务人较少。

流动比率是根据一个范围测量的，如果该水平低于该范围的最小值，则表明该企业流动性太低，企业可能（但不一定）难以偿还到期债务。如果该水平高于该范围的最大值，则表明该企业没有尽可能有效地利用其流动资产来推动其长期发展战略。也许企业可以选择用多余的现金来开展广告活动、重新装修店铺或投资人工智能技术等。

速动比率是一个单一的值，而不是一个范围，因为企业的目标是以其流动资产总额的固定比例来控制库存。

标杆分析法和数据解读

标杆分析法是一种通过对标比较进行评估的方法。一旦计算出 KPI，就可以将其与预算、前几年的结果、竞争对手和行业规范、期望或容差进行比较。企业的 KPI 与这些对标不一致可能有多种原因，包括深思熟虑的战略原因和简单的时间差异，以及产品与目标消费者的需求不一致的问题，浪费与库存水平管理不善的问题。因此，在解读 KPI 时应充分考虑到业务及其运营的详细情况。

前文中解释的四个 KPI 在使用时要结合对业务的详细了解。这些指标提供了一种衡量财务风险的简单方法，它们表明了业务是否赚取了足够的利润来支付运营成本，并产生足够的现金流来偿还到期负债。

习题

本章介绍了全球时尚市场的风险，并说明了目前影响该行业的一些具体因素。虽然许多风险是无法预料的，企业可能没有任何过错，但仍需要采取行动来减少损害。你需要翻到本书末尾的"习题答案"部分并完成以下任务。

1. 阅读与时尚产业特定公司面临相关问题的六个案例。
2. 审查风险及其制订解决方案。

完成这些任务后，将知识点应用于接下来的习题 1 和习题 2 中。

习题 1

思考一下本章概述的每种风险类型如何适用于你最喜欢的零售商的业务。它可以应对以下这些具体问题吗？

思考以下问题：

1. 你喜欢的零售商无论是买家还是卖家都在哪些国家开展业务。
2. 其运营模式（实体、线上还是两者结合）。
3. 它已经适应或可能需要适应的任何社会、技术或其他变化。
4. 它必须遵守的法律和法规（可能会遇到的问题）。
5. 它面临的任何声誉风险（如何处理这些风险），以及它面临的任何财务风险。

习题 2

考虑在出现以下情况时，你会采取什么样的策略。

1. 假设你是一家以独家设计而闻名的奢侈品零售商，你刚刚看到一家线上平价零售商出售的两件套衫抄袭了你的产品。
2. 你在一个节目中被称为使用血汗工厂进行生产的零售商，你从来不会使用该类供应商，现在如果要你使用，你的反应会有所不同吗？
3. 你为节日促销活动准备了大量产品并准备销售，现在你看到了竞争对手准备了更廉价的产品。
4. 你的一位主要客户欠下了你一大笔债务，他破产时你也不太可能从清算人那里得到任何补偿。你可能会面临哪些问题以及可能需要采取哪些行动?

习题 3

第 1 章中的案例研究说明了时尚产业的实际运作情况,所有公司都按市场价值进行运作。请使用案例研究中提供的数据,计算 GPM、OPM 以及流动比率和速动比率,并评价其是否达标。如果没有达标,你会采取什么行动?

单位:千英镑(£,000)

要素		年				
		2**4	2**3	2**2	2**1	2**0
A 公司	销售额	27200	25106	26796	27965	—
	毛利润	7767	6808	5919	7283	—
	营业利润	3778	2482	837	1158	—
	流动资产	13826	12524	12561	11816	—
	库存	6599	9078	8128	7658	—
	流动负债	9359	11209	13078	11055	—
	—	—	—	(8 个月)	—	(16 个月)
B 公司	销售额	10493	11193	7751	9180	12546
	毛利润	2452	2726	2012	2819	3158
	营业利润	572	639	696	843	495
	流动资产	5482	4782	4250	3115	2244
	库存	583	422	614	269	206
	流动负债	3349	3398	2146	985	927
C 公司	销售额	43547	41507	48363	54140	52359
	毛利润	10114	7725	7989	8157	9344
	营业利润	2255	277	−43	−672	421
	流动资产	32999	31622	38143	34935	35307
	库存	9865	7894	14666	8680	7347
	流动负债	11275	11510	18180	15026	14861

拓展阅读

Lynch, R. (2006) *Corporate Strategy* (4th ed.) , Harlow：Pearson Education Ltd.

时尚产业的报告每年由德勤（Deloitte）（奢侈品市场和零售前景报告）和英国时尚商业网与麦肯锡公司（McKinsey & Company）等机构发布。这些报告可通过互联网免费下载，它们提供了行业的综合视图，讨论了当前影响它的具体问题以及正在采取或需要采取的行动。建议你每年阅读这些报告，以支持和拓展你的行业知识。

第 3 章　全球知名度和新市场

引言

许多公司会在全球范围内开展业务，即使是那些尚未在全球开展业务的公司也可能会有这样的雄心。本章的学习目的就是为海外服装成本核算和生产提供一些实用的背景知识，让读者对服装行业有广泛的了解，并帮助他们完成习题。

在服装行业工作既令人兴奋又充满挑战，因为这里的每家企业都会为主导市场而采取各种各样的运营方式。其商业环境的独特之处就是没有两家企业以完全相同的方式运营，即使他们某些流程是相同的，也都会烙有企业家的特点。

全球供应链

全球供应链总是处于不断变化的状态中，包括长期业务和新兴业务。为了便于讲解，本书将零售环境分为三个主要类别，分别是高档（奢侈品牌）、中档（中端市场零售商）和低档（平价零售商和折扣店）。经济周期的波动加上竞争激烈的零售环境，意味着企业比以往任何时候都更需要创新和商业意识，才能兴旺发展。社交媒体和互联网的普及让人们可以更快了解最新的时尚趋势，从而激发了公众对价格具有竞争力的最新服装的渴望。这种现象促使零售商需要重新考虑其在国内和全球的分销策略。

为了满足消费者的需求，零售商需要快速、频繁地做出反应，全球化企业可以使用营销工具来提高品牌知名度并巩固其在市场中的地位。以英国为例，英国的服装企业往往通过进口到国内市场或进行国际分销而被认为是全球化企业。无论从贸易量、投资量还是人员流量的角度来衡量，竞争正变得越来越全球化，如果企业还没有全球化，至少其国内活动也正在增加。

许多公司选择的一种扩张途径是进行海外分销，这需要在当地市场中有信誉良好的合作伙伴，可以共同制定适当的营销策略。

市场进入战略的影响因素

有增长和扩张计划的服装企业通常会把进入新市场作为其国际化计划的一部分，其营销策略取决于业务规模、品牌影响力、目标国家、业务目标和时机。此外，要进入一个未知市场，出口商必须要了解其目标国家的市场环境。一种常见的做法是选择一个已经在当地市场具有影响力的合作伙伴，这样一来，出口商可以在最低的财务风险下获得对市场的独家洞察，并能够克服文化和语言、法规和物流障碍等情况。

企业制定自己的市场进入战略，需要专注于市场、产品、定位和竞争对手。如前所述，要在国际环境中运营，企业必须与值得信赖的外国合作伙伴建立联盟。这可能是一个非常重要的商业优势，尤其是在对价格和质量都至关重要的环境中，并通过与未知市场中有影响力的中介机构合作提供补充保障。然而，找到合适的合作伙伴作为企业的"声音和耳朵"并非易事，并且也具有管理上的风险。

仅靠市场进入战略并不会直接促进国际化进程，因为还有许多影响因素会影响运营，必须加以考虑。例如，需要有一个快速响应的供应链来满足客户的需求，需要实施质量体系来达到卓越，需要进行环境审计以了解市场（图 3-1）。

当代问题

供应链会涉及不同的参与者，包括销售服装的零售商、生产服装的制造商，有时还有充当工厂和零售商中间人的代理商或分销商。但代理商和分销商正在被排除在供应链之外，原因是零售商和制造商正通过直接交易以最大限度地提高盈利能力，加快制造过程并提高利润率。

全球化企业还经常面临沟通问题，需要开发和反复磨合与海外合作伙伴的沟通方式。虽然电子邮件和移动电话的使用促进了沟通，但这并不是解决全球市场中交易者

国际化环境审计（PESTEL）	市场进入
识别外部因素（文化差异、合适的合作伙伴、客户要求、市场需求）以评估机会和威胁(OT)，分析内部因素（公司的能力和目标）以确定优势和劣势（SW）	市场进入模式侧重于根据可能的关系类型以及成本和风险评估来寻找合适的合作伙伴，进入方式与公司的优势和劣势相关联。市场进入战略必须基于"战略契合"，这是SWOT法分析的结果
供应链	**质量体系**
公司必须通过供应链管理制定响应策略来满足客户的要求，并使客户满意，这包括为所有供应链合作伙伴创造价值	通过以客户为中心、持续改进、员工授权和产品质量来满足客户需求，这是由公司希望在各个层面提高质量和追求卓越业务的愿望所驱动的

企业国际化目标的决定因素

领导力、资源、管理策略、能力、目标、合作伙伴、客户和系统

图 3-1　服装企业国际化进程的影响因素

面临的语言和文化障碍的最佳方式。正如第 1 章所介绍的，样品虽然对企业来说是一个棘手的问题，但也有解决这个问题的办法。一种办法是在制造国或多个国家设立办事处与制造商合作，这样虽然能更好地控制产品开发和制造，但仍需要研究其可行性及确定这种策略是否真的对企业有利。另一种办法是在国内建立"样品工厂"，但这样做不仅成本高还需要熟练的劳动力。

　　对于现在进入劳动力市场的人来说，很难想象英国曾经是一个雇用数百万工人的繁荣的服装制造国。这个行业从 20 世纪 80 年代初期开始衰落，当时离岸外包的趋势越来越显著。幸运的是，一些零售商开始将制造业务带回英国。这是因为消费者对英国生产的服装的需求不断增长，同时海外生产的成本不断上升，企业对供应控制和灵活性的需求也越来越大。要重新点燃英国制造业还需要相关技能，而这些技能在离岸外包的趋势中逐渐消失。值得庆幸的是，一些大学在时尚课程中强调这些技能的培养，这会使毕业生具备相应的技术能力。因此，在选择这些大学的时尚课程并准备参观学校时，请留意其是否拥有最先进的服装生产设施、织物测试实验室和创新区，这样你将能够在学习期间试用这些最新的制造技术。

　　其他与时尚相关的辩论话题主要集中在快时尚、循环经济、可持续发展、创新和虚拟现实（VR）等技术方面。事实上，关于时尚生产和消费对环境的影响，已经有了大量媒体报道。传统的时尚供应链是线性的，意味着产品被制造出来然后卖给消费者，消费者最终会将它们丢弃。现在有另一种选择，就是尽可能长时间地使用产品以获得其最大的使用价值，并在其生命周期结束时回收和再生新产品和新材料。随着消费者越来越关注可持续发展的问题，零售商也面临着越来越大的回应压力，他们通常会通过发表宣言来证明自己的供应链是可追溯和可持续的，这有助于他们进行负责任的服装采购、生产和分销。

下一节将重点介绍货物运输流程和操作时间安排。

采购订单

一旦选定最终的产品系列，企业将提出采购订单（PO）。采购订单是采购商和供应商之间的合同协议，其目的是在开始生产前尽可能多地提供产品信息，见表3-1。它的布局和内容可能会有所不同，但通常会包括以下内容：

- 订单号和账号。
- 每件衣服的协商货币计价格。
- 订单的总数量。
- 尺寸规格参考编号，也可能是一个修改好的基本尺寸表。如果因订单产品在市场中很受欢迎而被重复订购，其尺码也会被重复使用，则会注明相同的参考编号。

表 3-1　发往英国的货物的采购订单示例

采购订单表（PO表）		
尺寸规格参考编号：		
供应商名称：	签订人：	签订日期：
客户名称：	订单号：	账号：
交付至：	发货日期：	单价：
款式说明：	订单总量：	款式编号：
补充要求：		

货运计划及说明				
货运代理:				
包装细节:				
衣架 / 标签 / 贴纸 / 包装的指定供应商:				
客户参考编号:				
装箱单				
尺寸	产品代码	数量	价格	客户参考编号

以下是对采购订单表中的各项内容的说明。

款式编号：与采购订单中所述的产品有关，而订单编号可以包括系列中的多个项目，每个项目都有自己的订单编号。

客户参考编号：如果代理商代表零售商签订合同，则需要规定他们的参考编号。

款式说明：有时会在采购订单上附上产品的正面和背面的草图。

供应商名称：生产商品的制造商名称。

签订日期：订单签订的日期。

签订人：签订订单的人员姓名。

客户名称：也可以是代理商或零售商。

货运代理：货运代理的作用是确保货物在国际上顺利运输。

交付至：指定最终目的地。

发货日期：表示货物准备好装运的时间。

包装细节：说明应如何展示服装，如衣架、塑料袋、护理标签、尺码标签、后领标签以及吊牌等，有的还指定了这些标签的位置。

指定供应商：一些零售商可能希望供应商使用特定公司制作的衣架、标签、吊牌和衣架贴纸，因此采购订单会说明这些应该从哪里购买及其参考编号。

装箱单：一旦生产完成，货物将需要包装在有标记的纸箱中，有时还需要用内纸箱包装。最终的装箱单通常会在货物包装和纸箱编号分配后寄给客户，表明每箱的件数、尺寸和颜色的比例（你将有机会在本章末尾的习题部分来计算包装比例）。

　　补充要求：可以包含诸如面料和服装测试要求、工厂审计和道德要求等信息。

　　图 3-2 展示了进口到英国然后分销到欧洲大陆的产品（如广泛分销的品牌）的采购订单示例。图中内容类似于表 3-1 中展示的内容，但它还包含了与销售国家或地区的定价和排他性相关的其他要点。

产品信息表

零售商的名称和联系方式

3/ 产品规格

包装类型：

_____

（如果是塑料袋，请确保其带有规定的窒息风险警告，并且塑料袋的厚度应在 0.038 毫米以上。）

货品及其包装尺寸：

_____

货品及其包装的单位重量：

_____

制造商在包装上建议的使用者年龄：

_____

是否使用多语言包装：

_____

指定语言的使用说明：

_____

如果没有指定语言，是否需要插入翻译说明？

_____

包装是否带有绿色标记？　□ 是 □ 否

包装的最低数量：

_____

我们的代理会向您发送一些有艺术指导性的光盘和程序便于您用于包装开发：

4/ 发货

产品原产地（制造国）：

_____

海关标识号：

_____

仓库地址：

_____

出发港：

_____

以下信息是必须提供的您的产品的具体信息：

并请注明单位（英寸 / 厘米 / 磅或千克）

图 3-2

每个主纸箱的单位：

_____

主纸箱尺寸：

_____

主纸箱的重量：
毛重_____　　净重_____
主纸箱的体积：

_____

每个主纸箱的托盘数量：

_____

图 3-2　发货到英国然后分销到欧洲大陆的货物采购订单示例

交付周期

为了确保服装准时到店，买家需要计算每个生产、运输过程需要的时间。总时间（通常以周为单位计算）是交付周期，可以定义为"从下订单到完成订单所需的时间"。需要注意的是，交付周期会根据工序的所需时间而有所不同，必须在谈判时由采购商和制造商预先商定。

由于运输条件不同（这些将在下一章中介绍），对"完成"一词的理解可能会发生变化：一方可能认为订单产品在包装进准备发货的纸箱中后即完成，而另一方则可能认为订单产品被送到指定地址才算完成。因此，一开始就给出明确的指示十分重要，以免产生误解。

一旦双方交付周期达成一致，就会提出采购订单，然后双方将受到合同协议的约束。为了进一步加强订单的法律约束力，买方向制造商提交了信用证（LC）结算。信用证是一种付款承诺，由买方银行提出，以确保供应商只有按照约定行事，才能获得付款。如果供应商不遵守合同和信用证的条款，将会导致处罚或诉讼。根据问题的严重程度，对供应商的常见处罚包括要求价格折扣、要求货物空运而不是海运或取消订单。

表 3-2 说明了如何计算 12 周的交付周期，它与采购订单中包含的信息没有什么不同。然而，延迟交货是常见的，往往是因为买方频繁否决制造商提供的样品，如试衣不达标、尺寸不达标、织物和辅料测试不达标等。这意味着供应商必须重新提交，

从而导致延误。此外，快时尚产品的特点就是要快速反应，因此时间管理至关重要，应该为最早交付日期留有余量。此外，装运导致的延误也是常见的，因此供应商或货运代理必须提供预计出发时间（ETD）、预计到达时间（ETA）的日期和船名，以便监控货物的运输。

表 3-2　12 周交付周期示例

订单号：												
订货量：												
合同签订日期：（第 1 周）												
周数	1	2	3	4	5	6	7	8	9	10	11	12
收到尺码样品		■										
反馈尺码意见		■										
收到色样			■									
反馈色样意见				■								
收到配件 / 装饰品					■	■						
反馈配件 / 装饰品意见						■						
面料生产、实验室测试和批准完成					■							
收到标签 / 吊牌 / 衣架						■						
反馈标签 / 吊牌 / 衣架意见						■						
收到预生产样品并反馈意见						■						
收到生产样品并反馈意见								■				
生产								■	■			
质量检验										■		
预计离岸时间										■	■	■
装运细节												
预计到达英国时间												
预计到达英国仓库时间												

关键路径

　　一旦计算了交付周期并下达了采购订单，就需要实施系统来监控生产进度。该系统被称为关键路径（Critical Path）或临界路径（Crit Path），可以定义为"为实现预定交付日期而需要满足的一系列关键截止日期"。

市场上有几款相关软件都可以用于监控生产进度，以便及时发现早期流程中的问题，提前引起对可能延迟发货的事件的注意。系统中列出的栏目数量将根据服装中包含的特征数量、订单数量以及是分批交付还是一次性交付等因素减少或增加。以下是流程示例。

第1周：客户向供应商发出采购订单，然后供应商可以向其供应商下面辅料订单，并开始按尺寸要求生产样品。

第2周：面料裁剪即生产开始（通常未经客户批准），客户收到尺码样品（以便可以根据尺码规格表检查服装）并发回修改意见，供应商订购辅料及配件，以便协调面辅料、配件的交付。

第3周：客户银行开立信用证，供应商对服装的色样、裁剪和配件等提出意见（批准或拒绝）。

第4周和第5周：生产面料、辅料和配件。

第6周：将面料、辅料和配件运送给供应商，供应商将发送采用了正确的面料、辅料和配件的预生产样品（供应商在此阶段开始生产的情况并不罕见）。

第7周：客户对预生产样品提出修改意见。

第8周：供应商开始生产。

第9周和第10周：服装生产仍在继续。生产时间将根据订单数量和服装的复杂程度而变化，如果数量超过1000件，通常会采取分批发货，让顾客有机会在店内先试穿新款服装。如果产品不再销售，面料可能会被用于开发不同的风格款式服装。

第11周：对随机挑选的一定比例的服装进行检验，以确定商品质量是否合格。这一比例数值通常被称为可接受质量水平（AQL），即可接受的最大不合格百分比。如果在允许的公差范围内，则表示可接受，不同的AQL存在不同程度的可接受性。

第12周：买方检查生产样品并允许发货。

考虑到运输（所需时间将因制造国和货运方式而异）和清关，关键路径可能会超过12周。海运所需时间一般是3周加上1周的客户清关，空运则可以在1周内完成。

垂直整合供应链是一种改善沟通、缩短交付周期和减少运输成本以及最大限度降低风险的方式。从广义上讲，一些零售商可以控制从面料生产到店内销售的整个过程。由于整合程度各不相同，因此会有在控制范围以外的"灰色地带"的产生，其目的是在"内部"开展尽可能多的业务。例如，零售商克服全球制造障碍的策略可能是设计、染色、裁剪、缝纫和整理，并直接将服装分发到商店。

表3-2展示了服装生产交付周期的示例（灰色方块表示收货和生产周，黑色方块表示批准周和发货时间）。空白方块通常会填上记录日期和关键事件（如色样被拒绝的日期和供应商重新提交的日期）的意见。

基于上述分析，显而易见，在如此短的交付周期内，误差容限非常小。在这种情况下，缩短交付周期的另一种方法是空运货物，这样可以节省两周时间，但成本会高得多。

习题

在提出采购订单时，买方需要指定每个纸箱中要包装多少件产品以及按什么比例包装，还需要详细说明如何单独包装货物，包括衣架、塑料袋、标签和吊牌等。

考虑以下顺序并计算每种尺码和每种颜色的数量：

刺绣T恤

型号：0045L

数量：3600件

颜色：藏青、白色、黑色、红色

尺码：10、12、14、16

产品比例：

藏青和红色各尺码比例：1：1：1：1

白色和黑色各尺码比例：1：2：2：1

尝试更改总订单数量，或添加额外的产品颜色并更改比例进行练习，熟能生巧。

拓展阅读

Common Objective [Online][Accessed 19 March] .

Jones, R. M. (2006) *The Apparel Industry* (2nd ed.) , Oxford : Blackwell Publishing Ltd.

Mintzberg, H., Quinn, J. B., and Ghoshal, S. (1998) *The Strategy Process*: *Revised European Edition* (2nd ed.) , Harlow : Prentice Hall.

Wrap [Online][Accessed 19 March] .

第4章　采购时的产品成本

引言

在商业街销售的大批量生产服装通常有印花、刺绣和其他复杂的装饰，这会在制造过程中造成不同程度的复杂性。这些错综复杂的细节以及面料成本占据了服装总成本的很大一部分，必须密切监控。商业街服装的流行趋势变化无常，一方面消费者总在寻找最新的设计，另一方面其价格仅为奢侈品牌服装价格的一小部分。这需要零售商做出快速反应，才能从最新趋势中获得最大的经济收益。企业的全球采购战略需要寻找和评估合适的制造商，才能实现销售目标和提高利润率。

全球采购

从英国到海外的生产转移，为商业街上提供更为丰富的产品种类具有重要作用。正是世界某些地区的低劳动力生产成本，使制造商能够提供具有竞争力的价格，也使零售商能够提高盈利能力，并向顾客提供更多种类的商品。

除了文化差异，全球采购的缺点还包括：运输时间长、沟通中产生时差、运输成本、法律和行政费用，以及在推广品牌时发生版权侵权的风险等。如前所述，英国已经不再是服装制造大国了。然而，随着一些快时尚零售商逆势而上，将一些生产业务带回英国，这种情况正在慢慢改变。CMT（裁剪、制作和后整理）工厂、小型设计公司和定制裁缝店一直在市场上占有一席之地，随着目前形势的发展，它们的数量有望增加。

商业街零售商（实体店）通过销售价格具有竞争力的服装，开创了大规模生产的潮流，消费者对购物的沉迷和他们对最新趋势的追求助长了这一趋势。尽管如此，商业街模式仍在逐渐消失，因为消费者开始喜欢线上购物，这刺激了在线零售商的增长。

产品规划

前文已经介绍了时尚趋势的快速变化、零售环境的影响以及快速响应时间的需求。为了防止不可预见的趋势发生，零售商在重复购买旺销产品或在当季添加新产品的同时会保留部分资金，被称为采购限额计划（OTB）。这是因为在某些时期库存过多或购买的品类错误，会影响企业的现金流或导致商品不得不降价销售，为确保销售量而提供足够的库存水平是至关重要的库存管理手段。然而，如果零售商购买的产品太少（库存不足），他们就会错过销售机会，这意味着不仅会损失利润也会让顾客失望。因此，零售商为了实现适当的平衡并最大限度地降低风险，必须要分配 OTB 预算。

产品系列的开发至关重要，需要深入研究，最重要的是不仅要得到忠实顾客的认可还要能吸引新的顾客。

设计师往往会提前 12 个月开发新的产品系列，并经常被要求重新设计原来的畅销产品。设计师通过时尚杂志、贸易展览会、购物中心、时尚趋势预测网站（如 WGSN）和浏览线上时装秀来了解最新潮流。这些设计师们会带着新的设计思路去国内外的服装店购买代表着下一季潮流趋势的服装，并寻找最新、最具创新性的产品。在产品策划会上，开发团队会通过对购买的样品、情绪板、CAD 图纸和图表的审查来启动策划过程。会议的结果还需要设计团队进行进一步工作，直到确定了产品系列和签署了分配预算为止。

采购商、运营经理和产品开发人员（具体人员取决于业务结构）将确定制造国（由产品类型决定），并决定邀请哪些工厂参与竞标。为准备在采购过程中进行的谈判，有必要确定每件服装的订单数量、采购价格、零售价格和交付周期。在与供应商商定价格后，会提出要求生产销售样品，为系列产品的预览展示做准备，并立即提出采购订单，同时，生产过程从一开始就使用关键路径进行监控。

工厂

在向海外工厂下订单之前，需要先进行环境考察，以深入了解该国的政治、经济、气候（如是否易发洪水）、汇率和基础设施等情况，采购商及其团队也会经常监控和评估供应商的表现。由于他们与许多工厂打交道，其中一些工厂已经过了多年的考验，因此监控并不难。在新的工厂进行采购时，买家会关心以下几个问题：表现（基于前几季的表现，如果是新工厂，则下试用订单）、价格（以获得最大利润）、产品类型（一些工厂在特定领域表现出色）、道德（遵守道德准则）和样品（按时生产所有正确样品的能力）。其中道德准则尤其重要，因为没有人愿意与那些有不良记录的工厂进行贸易。

运输条款

"Incoterms®"（《国际贸易术语解释通则》）的商标受到国际商会（International Chamber of Commerce）的版权保护，指 1936 年首次出版的《国际商业术语》（*International Commercial Term*）。了解这些术语对于进出口代理商和在时尚企业运输部门工作的员工来说十分重要。虽然许多学生不一定走这条职业道路，但能了解《国际贸易术语解释通则》可能是一个优势，这些规则会随着国际贸易的发展定期修订，对卖方和买方在运输过程中的条款术语进行了界定。

国际货物运输是一个复杂而费力的过程，通常涉及大量的行政、领事、财政和海关手续。企业要么拥有一个进出口部门，要么使用货运代理来办理这些手续。货运代理发挥着不可缺少的作用，他们会提供运输文件、制定最佳运输路线、在适当的船只或航空公司上预订货运、与海关官员打交道、与货运代理联系并确保将信息传递给买方，以便更好地控制交付周期。他们还提供有关运费、文件和法规的帮助和建议，与货运公司预订位置，监督清关，预订和包装集装箱并组织货物保险等服务，所有这些服务都需要支付额外的费用。在时间紧迫的情况下，他们的服务通常是无价的。

《国际贸易术语解释通则》阐明了货物所有权发生的时间，需要记住的要点如下：

- 以 E 开头的条款：当货物准备离开其工厂时，卖方应履行其责任。
- 以 F 开头的条款：卖家不支付主要运费。
- 以 C 开头的条款：卖方支付运费。
- 以 D 开头的条款：当货物到达特定地点时，卖方的责任终止。

并非所有列出的术语都适用于时尚产业，需要记住的是 EXW、FOB、CFI 和 DDP 这四个术语。下面用《国际贸易术语解释通则》简单概述一些常用的贸易术语：

- **工厂交货（EXW）**：卖方将货物放在卖方的场所或其他指定地点（如工厂、仓库），由买方处置。在适用清关条件的情况下，卖方无须将货物装载到任何集运车辆上，也无须办理出口清关手续。
- **船上交货（FOB）**：卖方在指定的装运港将货物装上买方指定的船只。当货物装上船时，货物灭失或损坏的风险被转移，买方从那一刻起承担所有费用。
- **成本、保险和运费（CFI）**：卖方在船上交付货物。货物在船上时，货物灭失或损坏的风险就转移了，卖方必须签订合同并支付将货物运至指定目的港所需的费用和运费。
- **税后交货（DDP）**：卖方交付货物，并在指定目的地将运输工具上尚未卸下的货物交与买方，办理完清关进口手续。卖家承担将货物运至目的地所涉及的所有费用和风险，并且有义务清关货物，为了顺利出口和进口，需要支付出口和进口关税并办理所有海关手续。

《国际贸易术语解释通则》的说明见图 4-1，以说明买方和卖方应在哪个阶段对货物负责。

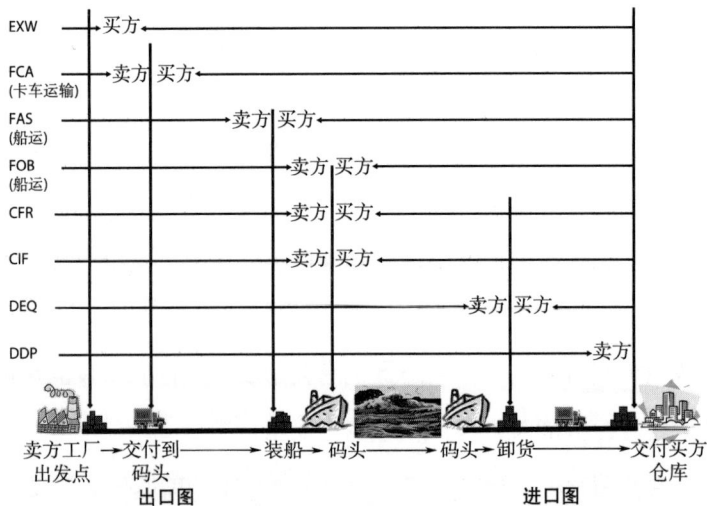

图 4-1 《国际贸易术语解释通则》中强调了买方和卖方的责任

习题

鉴于本书已经介绍了在全球范围内采购服装的流程，本习题说明了如何从非英国的角度计算成本。如果服装是在英国本土制造的，成本核算表会有所不同，并强调生产成本和期间费用，而不是汇率（ROE）。

建议你练习的习题模拟以美元从远东购买服装、再以欧元出售给分销商的这样一个场景。成本核算表是在采购行程之前准备好并为谈判做准备的，一旦谈判确定价格并形成采购订单后，就可以对其进行修改以反映真实的利润率。通常会把运费、标签、吊牌、包装和测试的估计成本进行分摊。成本核算表包含每件商品（从左到右）的款式描述、总订单数量、货运日期、交付到客户仓库的日期；服装售价（欧元计）及其换算成英镑的价格；工厂名称；工厂售价（美元计）及其换算为英镑的价格；标签、包装、测试的成本（英镑计）；运输成本（英镑计）；每件服装的成本（英镑计）；每件服装的毛利润（英镑计）；利润率（百分比）、销售总价值（英镑计）和总毛利额（英镑计）。

成本核算表包含从 1 ~ 10 的粗体数字，这些数字提供了如何计算成本表的分步指导，请参见以下详细说明。

以 2019 年 3 月的汇率（1 英镑 =1.33 美元，1 英镑 =1.17 欧元）计算。

1. 售价（英镑）= 销售给分销商的价格（欧元）÷1.17
2. 购入价（英镑）= 出厂价（美元）×1.33
3. 每种款式的成本（英镑）= 购入价（英镑）+ 包装和测试成本（英镑）+ 运费（英镑）
4. 每种款式的毛利润（英镑）= 售价（英镑）– 每种款式的成本（英镑）
5. 每种款式的利润率 =（每种款式的毛利润 ÷ 每种款式的成本）×100%
6. 每种款式的总销售额（英镑）= 每种款式的订单数量 × 售价（英镑）
7. 每种款式的总毛利润（英镑）= 每种款式的订单数量 × 每种款式的毛利润（英镑）
8. 总订货量 = 每种款式的订单数量的和
9. 总销售额 = 每种款式的销售额的和
10. 所有款式的总毛利润（英镑）= 每种款式的毛利润的总和（英镑）

款式说明	每种款式的订单数量（件）	发货日期	邮寄日期	给分销商的销售价格（欧元）	售价（英镑）〔1〕	工厂名称	出厂价（美元）	购入价（英镑）〔2〕	包装和检验成本（英镑）	运费（英镑）	每种款式的成本（英镑）〔3〕	每种款式的毛利润（英镑）〔4〕	每种款式的利润率（%）〔5〕	每种款式的总销售额（英镑）〔6〕	每种款式的总毛利润（英镑）〔7〕
刺绣衬衫	7600	6月30日	7月29日	8.5		D	3.50		0.55	0.50					
珍珠纽扣衬衫	3000	6月30日	7月29日	8.35		C	3.20		0.55	0.50					
蝴蝶结衬衫	4800	6月30日	7月29日	7.95		C	3.50		0.55	0.50					
褶边衬衫	2000	6月30日	7月29日	8.15		C	4.00		0.55	0.50					
贴花衬衫	5600	6月30日	7月29日	8.2		D	3.75		0.55	0.50					
总计	8													9	10

1 英镑 = 1.33 美元
1 英镑 = 1.17 欧元
（汇率日：2019 年 3 月）

拓展阅读

Cooklin, G. (2006) *Introduction to Clothing Manufacture,* revised by Hayes, S. G. and McLoughlin, J.,
  Oxford：Blackwell Science.
International Chamber of Commerce (no date) *Incoterms® and Commercial Contracts*［online］［accessed
  19 March］.

第 5 章　服装生产流程与成本核算的必要性

引言

　　本章主要介绍服装生产流程以及成本核算的必要性，向学生讲解了服装生产中的一些基本流程和基本术语。

服装生产流程

　　在开始学习之前，我们应该花点时间仔细思考一下我们所说的服装生产的流程，这对于那些没有在服装工厂工作过或者甚至没有机会参观过服装工厂的读者来说可能很重要。如果你不熟悉服装生产的流程，那么建议先去参观一家服装厂，这样你就可以更深入地理解本书中所讲解的问题了。

　　简单来说，服装生产就是将面料（布）转化为可穿的服装。为了实现这种转化，面料会被裁剪成若干的裁片，然后经过缝合、熨烫等一系列工序，就变成了服装。一般来说，服装的生产流程如下：

- 画出服装各个部分的纸样。
- 按需要将面料平铺若干层。
- 按纸样将面料裁剪下来。
- 部分裁片需要用热熔衬进行加固。
- 将这些裁片进行一系列的缝合工序，在操作过程中，可以缝上其他辅助材料（如拉链、纽扣、花边）。
- 将缝合完成的服装进行熨烫定型、去除线头，并进行质量检查。
- 最后完成包装。

虽然这是一个简化的流程，但它至少给出了一个普通服装工厂参与工作内容的概述。由此，我们可以看到服装工厂将不得不具备三种资源：

- 原材料，如面料、线等。
- 劳动力，即执行各种制造任务的工人。
- 配备了正确机器的加工环境。

并非所有工厂都会参与上述制衣流程。例如，一家只生产牛仔裤的工厂不会进行热熔合衬的工序，因为牛仔裤上没有需要这个工序的裁片。但是，工厂可能会对牛仔裤进行石洗工序来获得时尚外观，这种石洗工序也可能由外包来进行。

同样，并非所有流程都需要在同一家工厂完成。大型制造商有时会通过在一家工厂专门进行面料裁剪来提高效率，而这家工厂可以同时为其他几家工厂提供裁剪服务，尤其是以高额成本投资的高科技设备就需要最大限度地利用此类设备。

想要更多地了解服装制造的细节，可以参考本章末尾拓展阅读部分提供的阅读清单中的一本关于服装生产的标准教材。

两个重要问题

在对服装行业成本核算的讲解中，明白以下两个问题很重要：

- 什么是成本？
- 为什么生产服装需要花费这些成本？

在继续阅读本章之前，请先思考这两个问题，并记下你是如何解释"成本"的，以及你认为制造商应该关注成本以及成本核算过程的原因。

成本的定义

成本是指生产产品所消耗资源的经济价值。

经济价值是指以适当的货币单位表示的价值。在英国用的是英镑（£），在美国和世界很多地区用的是美元（$），在欧洲则更广泛的使用欧元（€）。

为了生产服装，制造商必须使用资源，包括原材料、劳动力和各种服务以及其他资本资源（如厂房租金）。使用的这些资源的数量以货币价值表示，就是产品的成本。

成本可以表示单个产品的成本（单位成本），也可以表示多个产品的成本（批量成本）。成本还可以用来表示一个月、一个季度、半年或全年发生的成本核算。

成本核算的必要性

成本与产品的价格密切相关，这里的价格主要是指制造商的客户为其生产的服装所支付的费用。显然，为了盈利，制造商需要价格高于成本。因此，在确定服装价格或谈判价格时，制造商需要对其成本有足够的了解，才能确保价格涵盖成本。

以下是服装制造商需要参与成本核算并了解成本的主要原因，如果设计师、剪裁师和服装技术人员也能了解成本，将会非常有用。

定价决策。如果制造商生产的品牌服装是直接卖给消费者的，那么他们可以决定服装的最终售价。最常用的定价方法是全成本定价法（Full-cost Pricing），即在产品成本中增加一定百分比的利润作为加价部分。利润的百分比是根据公司的政策来确定的，同时需要考虑到市场对该产品价格的接受度。

因此，为了做出定价决策，制造商必须了解产品的成本。

接单决策。在服装制造中一种常见的做法是零售商指定制造商按某一规定价格生产特定服装。在这种情况下，零售商在支付价格方面处于主导地位，因此制造商为了决定是否接受这项工作，就要知道制造这件服装的实际成本是多少，才能决定是否以这个价格接受这项工作，如果接受能否获利，或者是否以实际成本为基础尝试重新谈判价格。

因此，为了做出接单决策，制造商必须了解产品的成本。

招标。虽然这种做法在建筑行业比较常见，但也可能会出现在服装行业。客户在相关媒体上发布招标公告，要求制造商制造特定服装。这项招标工作会严格按照详细的规范进行，制造商按要求提交"标书"（即完成这项工作的报价）。客户在审查确认制造商是否有能力完成这项工作后，通常会选择最低报价的进行投标。

因此，为了进行可行的投标工作，制造商必须了解产品的成本。

成本控制。制造商控制成本也很重要。服装制造行业的利润往往比较微薄，过高的成本会侵蚀利润。不会衡量成本的制造商很难控制成本，要持续测量、记录和比较成本，才能确保业务的持续盈利能力。

利润。人们经商的本质是为了盈利。虽然经商可能还有其他高尚的理由，如发挥自己的才能、为家人提供就业机会等，一些小型手工艺企业也可能并不把追求利润放在首位。然而，如果企业要为经营者和受雇者谋生，那么追求利润就很重要。

企业的利润是按某一时间段（通常为一年）内的账户收支来衡量的。如果制造商的产品成本核算做得不好，接单价格仅以成本价或低于成本价成交，那么到年底企业将不会获得任何利润。虽然有时制造商会因为某种原因以成本价或低于成本价接单，但这通常是个例外。

本书不涉及企业的财务会计，要想了解更多会计方面的知识，可以参考本章末尾拓展阅读部分中列出的一本标准成本法教科书。

从制造到采购

服装制造行业曾经在英国和欧洲大部分地区都很普遍，为英国的国内外市场生产了多种类型的服装。但随着英国和西欧不断上涨的劳动力成本，零售商不得不寻求海外低成本的服装制造商。零售店并不关心制造成本，而更关心从供应商处采购的服装成本。如今，除了一些专业供应商和其他可能准备生产小批量服装的供应商外，大部分供应商可能会设在海外。这在服装的采购成本中加入了新的考虑要素，包括运费、仓储和保险等问题。

本书在第 3 章和第 4 章中更详细地讲解了服装行业关于这方面的发展和成本核算问题。

习题

- 如果你没有去过服装工厂，请去参观一次服装工厂，这对学习会很有帮助。如果你正在学习本课程，在课程期间去参观几家不同类型的工厂也会很有收获。这对时尚专业的学生和技术专业的学生很重要，它会帮助了解制造商是如何将设计投入生产的。

- 请参阅本章末尾拓展阅读部分提供的参考资料，阅读其中一本服装制作教材来帮助你更加了解服装生产过程。
- 翻一翻自己的衣橱，看看服装的结构以及各个部位使用的不同材料。如果有洗水唛的话，可以看看服装的原产地，以了解它们来自哪些国家或地区。
- 思考服装生产过程，然后按"材料""劳动力"和"其他"这三个类别列出制作服装所需的资源。请记住，成本核算的本质就是对这些资源的使用进行评估。

材料	劳动力	其他

拓展阅读

生产类书单

Brown, P. and Rice, J. (2014) *Ready Wear Apparel Analysis* (4th ed.) , Colombus：Pearson.

Cooklin, G. (2006) *Introduction to Clothing Manufacture*, revised by Hayes, S. G. and McLoughlin, J., Oxford：Blackwell Science.

Fairhurst, C. (Ed)(2008) *Advances in Apparel Production*, Cambridge：Woodhead Publishing.

Myers-McDevitt, P. J. (2011) *Apparel Production and Management and the Technical Package*, New York：Fairchild.

Rajkishore, N. and Padhye, R. (2015) *Garment Manufacturing Technology*, Burlington：Elsevier Science.

财务会计类书单

Ryan, B. (2017) *Finance and Accounting for Business* (3rd ed.) , Manchester：Manchester University Press.

Wood, F. and Sangster, A. (2018) *Frank Wood's Business Accounting 1* (14th ed.) , New York：Pearson.

时尚产业类书单

Kunz, G., Karpova, E. and Garne, M. B. (2016) *Going Global：the Textile and Apparel Industry* (3rd ed.) , New York：Fairchild Books.

第 6 章　成本要素

引言

本章旨在讲解成本要素，以及可用于成本会计的成本分类方法。在本章学习结束时，学生应该能够识别成本的主要要素，并将这些要素与服装生产情况联系起来。

成本分类

有多种方法可以对成本进行分类，本书主要使用了以下三种分类方法：

- 成本的详细分解——成本要素。
- 成本特性——固定成本和可变成本（见第 9 章）。
- 产生成本的活动——作业成本法（见第 13 章）。

本章讲解的主要内容是成本要素。成本要素被广泛用于记录一段时间内的成本，并用于传统的产品成本核算方法。详细的成本要素可以很好地帮助我们了解制造业务中的成本，应该熟悉和掌握它们。成本要素中使用的术语还可以帮助学习制造和成本核算中使用的专业词汇。

以英国服装成本为例，成本可以归纳为以下三个主要类别（图 6-1）：

- 直接材料成本——制作服装的材料成本。
- 直接人工成本——与服装生产直接相关人员的工资成本。
- 间接成本——除以上两项外的所有成本。

图 6-1 中展示了这些成本类别在英国服装制造中的大致比例。值得注意的一点是，该图中直接材料成本约占成品服装成本的一半。因此，直接材料的控制和成本核算至关重要，因为它们代表了成本的很大一部分。

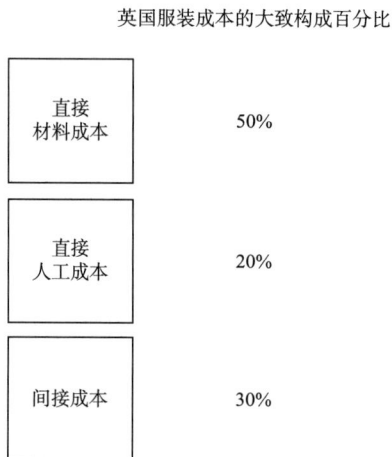

英国服装成本的大致构成百分比

直接 材料成本	50%
直接 人工成本	20%
间接成本	30%

图 6-1　英国服装生产成本的三个主要类别

这三个主要类别可以被扩充成一个更详细的图，见下文中的图 6-2，即成本要素。你可以在学习以下内容的同时，研究这个图来熟悉成本要素。

直接成本

直接材料成本

从本质上看，在服装生产过程中，服装的直接材料成本是其最大的成本要素，占其总成本的 45% ~ 60%。以下清单虽然不是一份完整的材料清单，但它对界定直接材料的范围提供了很好的参考：

- 面料、里布、缝纫线、衬、纽扣、拉链、饰边、垫肩、袖窿衬、棉絮（纤维填充物）、松紧带、铆钉、钩眼扣、花边、按扣、魔术贴、拉链、标签等。

构成服装的所有材料都需要计入成本，即为这些材料所支付的价格。通常它还包括将材料从供应商运输到制造商所产生的各项运输费用。

仔细看看你衣柜里的衣服，观察制作衣服的不同材料的范围。显然，服装的主要面料将是成本的最大部分，但所有其他材料也需要考虑在内，如在衬衫的生产过程中，白色珍珠小纽扣每颗可能只需要花费几分钱，但若每件衬衫上有八颗纽扣，当生产数以万计的衬衫时，这也是一笔不小的数目。

面料成本

在服装的直接材料成本中，面料成本和衬里成本是最大组成部分。制造商如果要节省开支，通常会在这里下功夫。在制造服装的过程中，面料需要被裁剪成裁片，裁片在面料架（俗称排唛架）上如何合理排列布局，是控制成本的重要手段。在生产中，排板师或裁剪师傅通常会比设计师更有效地利用面料。

面料的利用率是指从面料上裁剪出所需裁片所占的比率，通常以百分比表示，百分比越高表示面料利用得越好。

面料在裁剪前通常会先将裁片布局绘制在样板纸上（唛架纸）上，再放置到平铺了若干层的面料上一起裁剪。这项工作需要非常小心，排板师通常可能会尝试多种布局，以寻求裁片的最佳位置，从而达到最有效地节省面料的目的。

排板师还可以使用计算机辅助设计的排板系统，以帮助最大限度地提高面料利用率。

可以参阅本章末尾拓展阅读部分列出的书目，以获取有关面料排板和裁剪的更多信息。

缝纫线成本

大多数服装是用缝纫线缝合在一起的，虽然在制作服装时消耗的缝纫线不是单件服装直接材料成本的主要部分，但在大规模生产服装时可能意味着高额的成本。使用三线、四线和五线机缝制的服装比普通平缝机缝制的服装需要更多的缝纫线，因此这种服装的生产成本会更高。缝制带有缩褶的服装也需要大量的缝纫线，这都会增加它们的成本。

工厂需要估算用缝纫线的成本，并确保其既不会被低估也不会被明显高估。

主要的缝纫线制造商会发布用线指南，可以参阅本章末尾拓展阅读部分列出的书目。德国缝纫线制造商古特曼（Guttermanns）还开发了一种计算机程序，使制造商能够在一定程度上准确计算缝纫线的消耗程度。但是，制造商必须考虑在此类软件上的支出是否合适，因为在许多情况下，缝纫线的成本仅是一小部分。

制造商引用的缝纫线数据一般仅供参考，因为缝纫线的用量还会受到织物密度的影响，以每厘米 7 针缝制的两层织物消耗为例：

● 平缝机每厘米接缝 2.5 厘米的线。
● 五线包缝机每厘米接缝 20 厘米的线。

根据这些数据来看，生产一件标准的女式衬衫可能需要长达 70 米的缝纫线。

衬布成本

衬布是用在衣领、袖口、腰带和夹克正面等服装部位的加固材料，它们可以通过缝合或使用熔合机熔到服装上进行连接。衬布有多种重量和类型可供选择，尽管每件衣服可能使用的数量相对较少，但在生产一系列服装时，用量可能很大。需要注意的是，在库存控制方面，黏合衬的保质期是有限的，所以其采购和控制安排也很重要。

同样，在核算衬布的成本时需要留意，不应该低估衬布的库存和过期问题造成的损失。

紧固件成本

大多数服装都有某种形式的紧固件，可能包括：

● 纽扣、拉链、按扣、魔术贴。

单独来看，这些部件仅代表少部分成本，但大批量生产时就需要把部件成本计算在内。尤其为特定生产需要而购买的特殊纽扣和紧固件（如牛角扣、大拉链）可能相对昂贵，因此需要仔细核算成本。

其他直接材料成本

所有其他直接材料成本都需要包含在成本核算中，并且注意确保在服装制造过程中使用的所有材料都应被核算在内。这包括制造商或品牌的唛头和洗水唛的成本，在某些情况下还包括包装材料的成本。如果服装作为包装产品出售（如盒装男士衬衫），那么其包装成本也是构成产品直接材料成本的一部分。

总之，服装成本大约一半是直接材料成本，这是成本中最重要的要素（图6-2）。

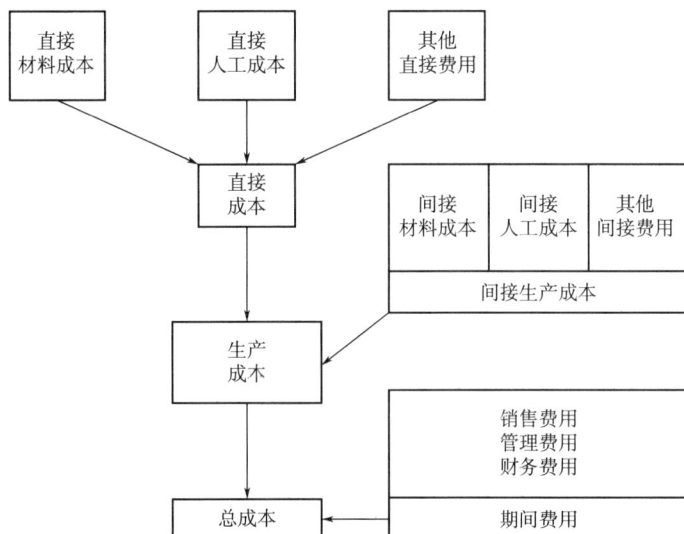

图6-2　成本要素

直接人工成本

人工成本本质上就是在企业工作的人员的工资成本。本书所说的直接人工成本是指那些从事服装生产的人员的工资成本。这些工资成本来自以下人员：

- 裁床工人、熨烫工人、缝纫工人、收发工人以及包装工人等。

裁床工人可能需要几小时来完成他们的裁剪工作，生产经理会很清楚地知道一项特定工序需要多少员工或需要多长时间来完成。因此，所需工时乘以每小时工资就可以得出直接人工成本。如果一项裁剪工作需要3个人做3小时才能完成，就代表完成这项工作需要9个直接工时（3小时 × 3人）。唛架师和裁床工人通常是服装工厂薪酬最高的劳动力，因为这是一项被视为需要掌握非常熟练技巧的工作。

熨烫和缝纫工序的工时也是基于执行操作所需时间计算的。由于其中一些工作可以较为快速地完成，因此工时会以每分钟或每分钟的分数形式表示，这些时间值被称为标准分钟值或 SMV。标准分钟值可以通过学习缝纫技术来实现，其中流程的时间安排由训练有素的评估员来完成。或者，缝纫工序的时间还可以通过使用商用数据库系统，如通用缝纫数据（GSD）或一些类似系统进行评估。

将一项工作所需的标准分钟值转换成小时，通常被称为标准小时数，再乘以相应的每小时薪酬就可以计算出直接人工成本。不同工种的员工每小时薪酬会有所不同。例如，熨烫工人的薪水低于受过培训的缝纫工人，而经验丰富的维修工人的薪水通常高于新培训上岗的工人。因此，必须根据一系列工序所需的直接人工的每小时薪酬来计算总的直接人工成本。

在大多数工厂，都会设置一个类似成本中心的部门（在第 8 章中将进行详细介绍），这个部门会围绕需要执行的生产过程进行。在服装生产过程中，主要包括排板、裁剪、熨烫、缝纫、定型和包装等流程。因此，工厂的直接人工成本将根据某项工作所需的直接人工流程逐个部门计算。

在英国，通常预计直接人工成本约占总成本的 20%。然而，随着工业机械化程度的提高，这一比例可能会下降。近年来，许多服装零售商都在努力降低其服装的生产成本，通常需要通过在直接人工成本较低的海外地区进行生产，才能在成本上控制这一成本要素。

其他直接费用

其他直接费用是最后一个直接成本要素，在成本占比中较低，但没有其他直接费用的支出就无法生产特定的服装。其他直接费用的示例如下：

1. 为获得时尚外观对牛仔服装进行石洗的成本，这项工作通常会包给外部工厂完成。
2. 包给外部工厂进行服装刺绣的成本。
3. 生产带有版权保护图案的服装的许可成本，如印有"Bart Simpson"字样的运动衫。
4. 因使用设计师的设计作品而支付给设计师的版税，尽管这在时尚产业并不常见。

直接成本

直接成本是生产服装的主要成本，它是以上所有成本的总和，计算公式如下：

直接成本 = 直接材料成本 + 直接人工成本 + 其他直接费用

间接成本

在经营工厂的过程中，除了生产服装的直接成本外，还有许多其他成本产生。这些通常被称为间接成本或制造费用。在美国，这些成本也被称为负担。

通常所说的间接成本或制造费用是工厂和企业运营的所有其他成本，约占总成本的30%，但在某些情况下可能更多，这些成本的变化性质将在后面的章节中讲解。

间接成本通常分为两类（图6-2），一类与制造相关，可以与工厂联系起来，被称为间接生产成本；另一类与企业的管理、营销和财务相关，被称为期间费用。在小型工厂中，期间费用占成本相对较少，而大型工厂的期间费用常常随着企业管理和行政管理的增加变得高昂。

间接生产成本

间接生产成本是运营工厂所需的间接成本，从前面图6-2中可以看出，它们包括间接材料成本、间接人工成本和其他间接费用。

间接材料成本

间接材料成本是工厂消耗的任何材料的成本，但这些材料不是成品服装的一部分。它们包括：

- 机械的小型更换部件（如针、皮带等）、润滑剂、冷却剂、清洁材料、员工食堂的食物等。

间接人工成本

如前所述，人工成本是雇用员工的工资成本，而间接人工成本是指那些在工厂工作但实际上不从事生产服装工作的那部分员工的工资成本。这类人员包括：

- 门卫、维修工、清洁工、培训员、监督员、仓管员、人事部人员、工厂管理人员等。

其他间接费用

其他间接费用是提供工厂、设备和运作的其他成本。它们包括：

● 工厂租金、工厂营业费、工厂保险；提供热、光和电力（即煤气、水、电）的成本；
  电话、机器和设备的资金成本等。

生产成本

生产成本包括直接成本加上间接生产成本，故计算公式如下：

生产成本 = 直接成本 + 间接生产成本

期间费用

从前面图 6-2 可以看出，企业的期间费用大致包括销售、管理和财务费用。

销售费用

销售费用可能包括：

● 销售人员工资、仓储费用、展厅租金、产品大规模包装费用、运费、促销和广告费
  用、展览费用等。

管理费用

管理费用可能包括：

● 办公室人员工资、办公室租金、办公室营业费用、文具费用、会计费用、办公设备费
  用、办公室暖光和电力费用等。

财务费用

财务费用可能包括：

● 银行手续费、贷款利息、透支利息、安排贷款的费用等。

总成本

综上所述，总成本是生产成本加上期间费用（图6-3），故可以得出如下计算公式：

总成本 = 生产成本 + 期间费用

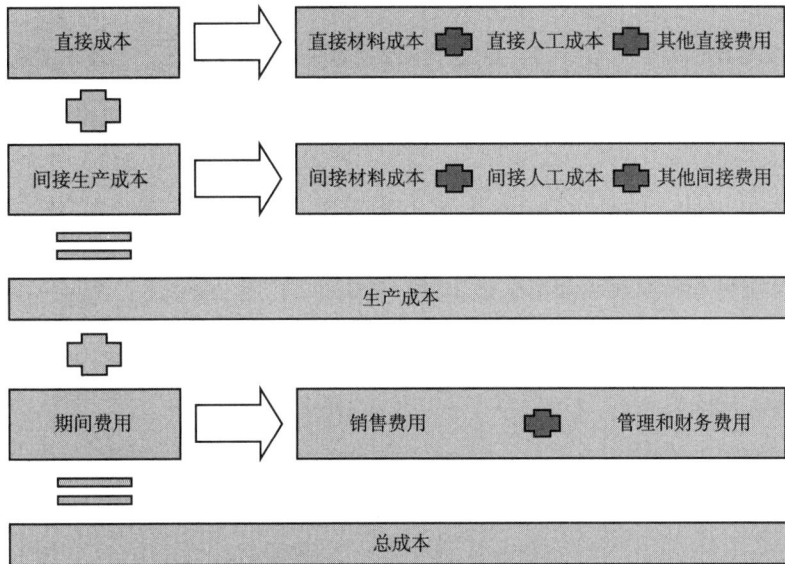

图6-3 成本要素汇总

习题

习题1

将以下直接成本分类为各自的成本要素，以 a 为例。

（a）裁床工人工资   （f）衬布

（b）羊毛精纺布   （g）麦尔登呢衣领

（c）缝纫工人工资   （h）收发室员工工资

（d）缝纫线   （i）特制骨扣

（e）使用版权主题的许可   （j）外包石洗

（k）熨烫工人工资　　　　　　　　（p）锁扣眼工人工资

（l）设计师的版税　　　　　　　　（q）外部织物整理

（m）袖衬　　　　　　　　　　　　（r）租用特定工序所需的专业机器

（n）亚麻布　　　　　　　　　　　（s）包装衬衫的包装材料

（o）花边装饰

直接材料成本	直接人工成本	其他直接费用
	a	

习题 2

将以下成本分组到适当的分类中，以 a 为例。

（a）连衣裙面料　　　　　　　　　（n）缝纫线

（b）缝纫工人工资　　　　　　　　（o）员工食堂费用

（c）衬布　　　　　　　　　　　　（p）熨烫工人工资

（d）厂房租金　　　　　　　　　　（q）办公机械维修费用

（e）裁床工人工资　　　　　　　　（r）T恤上使用的史努比图案的版税

（f）黏衬机操作员工资　　　　　　（s）保洁员工资

（g）经理工资　　　　　　　　　　（t）培养员工资

（h）维修人员工资　　　　　　　　（u）外包石洗

（i）行政人员工资　　　　　　　　（v）工厂的营业费用

（j）包装成本　　　　　　　　　　（w）办公场所租金

（k）贷款利息　　　　　　　　　　（x）拉链

（l）衬衫纽扣　　　　　　　　　　（y）锁扣眼工人工资

（m）货车司机工资　　　　　　　　（z）银行收费

直接材料成本	直接人工成本	其他直接费用	间接生产成本	期间费用
a				

习题 3

将以下间接生产成本分类为各自的间接成本要素，以 a 为例。

（a）缝纫机针

（b）厂长工资

（c）培训员工资

（d）保洁员工资

（e）厂房租金

（f）机械润滑油

（g）工厂的营业费用

（h）工厂保险

（i）主管工资

（j）工厂电力、供暖和照明的费用

（k）清洁材料

（l）人事部员工工资

（m）维修人员工资

（n）设计师 / 裁剪工人的工资

（o）唛架纸

（p）维修真空压力机所需的零件

间接材料成本	间接人工成本	其他间接费用
a		

习题 4

将以下期间费用分类为各自的期间费用要素，以 a 为例。

（a）销售人员工资

（b）仓储机械成本

（c）行政人员工资

（d）接待员工资

（e）银行手续费

（f）审计费

（g）办公室租金

（h）债券利息

（i）货车司机工资

（j）办公室维护费用

（k）展览费用

（l）展厅租金

（m）办公室经理工资

（n）按揭利息

（o）文具费用

（p）影印费

销售费用	管理费用	财务费用
a		

注释

营业税是对英国营业场所征收的一种税，由地方当局征收，旨在为当地服务做出贡献（如垃圾收集、街道清洁）。

拓展阅读

Boyd, K (2013) *Cost Accounting or Dummies*, Hoboken, New Jersey: Wiley.

Cooklin, G. (2006) *Introduction to Clothing Manufacture*, revised by Hayes, S. G. and McLoughlin, J., Oxford: Blackwell Science.

Drury, C. (2015) *Management and Cost Accounting* (9th ed.), Australia: Cengage Learning.

Rajkishore, N. and Padhye, R. (2015) *Garment Manufacturing Technology*, Burlington: Elsevier Science.

第 7 章　期间成本核算

引言

本章旨在解释一段时间内（每月、每季度、每半年等）的成本核算，它显示了基于成本要素的一段时间内成本的变化情况，在本章中称为期间成本报告。本章内容讲解涉及直接材料库存、在制品、应收款和预付款以及折旧的处理。

期间成本报告

期间成本报告是随着时间的推移记录汇报业务成本的报告，它们通常根据成本要素进行分析，并按月报告。这些月度报告也经常每季度、每半年和每年汇总一次。该报告可以使企业能够一目了然地查看其各个时期的成本情况，并将这些成本与预算数值和类似时间段进行比较。

某些期间成本报告可能会显示该期间记录的实际成本与为期间设定的预算成本之间的差异，这些差异通常被称为差额。

期间成本报告的用途

成本控制。如第 1 章所述，服装制造行业的利润空间往往很小，因此如果不控制成本，它们可能很容易侵蚀利润。定期的成本报告使管理层能够密切关注成本及可能产生的成本上升。这对于产生的所有成本都很重要，尤其是间接成本的上升很难控制。通过检查期间成本报告，制造商能够看到成本在预算水平（即计划水平）内。如果成本超出预算，则期间成本报告会发出预警并采取应对行动。

因此，成本控制是期间成本报告的一个重要特征。

比较。期间成本报告使管理层能够将该期间成本与其他月份或其他时间段的成本进行比较，比较的目的也是为了成本控制，这也是控制过程和管理成本意识过程的一部分。

利润。可以用期间成本报告分析成本与企业的盈利能力之间的关系，用当期的销售收入减去同期的总成本就可以得出净利润。但对一段时间内利润水平的衡量不在本书的讲解范围之内，感兴趣的学生可以参考第 5 章末尾拓展阅读部分中列出的一本标准财务会计教材。

分步成本法。如果服装制造商只生产相同类型的服装，如牛仔裤工厂或衬衫工厂，那么他们可能会采用一种被称为分步成本法的单位成本核算方法。

请注意，单位成本是指只生产一种产品的单一成本，因此制造商在使用分步成本法的过程中需要确定同一种服装的成本。

在这个成本核算体系中，制造商需要计算出"平均单位成本"（即生产每件服装的平均成本），通过期间总成本除以期间生产的服装数量，就可以得出每件服装的平均成本，计算公式如下：

$$每件服装的平均成本 = \frac{期间总成本}{期间生产的服装数量}$$

实际上，分步成本法仅适用于生产大量的、相同的、简单的服装的企业。

固定资产

在期间成本报告中的成本应尽可能反映该期间的成本构成。但是，企业难免会购买一些打算长期使用的物品，特别是购买设备、家具、机械等物品，这些支出被称为资本支出。例如，服装厂的资本支出可能是样板、裁剪设备、缝纫设备、压制设备等，这些设备的使用寿命一般都会超过一年。

购买此类设备通常涉及大量资金。显然，如果把这些成本都计入一个月的期间成本报告中，那么该月的总成本数值将大幅上升。与不包括任何资本支出的月份相比，有资本支出的月份成本会有很大的不同。

因此，此类设备的成本不包括在成本报告中，而是将固定资产的成本进行分摊，在其使用寿命中的每个月都承担一小部分成本，这部分资本成本被称为"折旧"。

虽然折旧的计算不可避免地涉及一些预计，因此存在一定程度的不准确性，但至少将资本成本分摊到了设备的使用寿命里。折旧被视为间接成本的一部分，如果它与工厂和生产有关，它就是间接生产成本的一部分。但是，如果折旧与业务的管理、销售和财务方面有关，那么就是期间费用的一部分。

固定资产在其使用寿命内分摊的方法有多种，但常用的方法是直线折旧法和平均分摊法。

直线折旧法

在直线折旧法中，固定资产的年度折旧额计算公式如下：

$$固定资产的年度折旧额 = \frac{固定资产原值 - 预计净残值}{预计使用寿命}$$

用这种方法算出年度折旧额后，再除以 12，就得到每月的折旧额。

示例

一家服装制造商花费 12000 英镑购买了一些新的缝纫设备，该设备的预计使用寿命为 8 年，预计报废价值为 480 英镑，其设备折旧额计算如下：

每年的折旧成本为：$\dfrac{12000-480}{8} = \dfrac{11520}{8} = 1440$（英镑／年）

每月的折旧成本为：$\dfrac{1440}{12} = 120$（英镑／月）

由此得出，每月的期间成本报告将增加 120 英镑用于设备的折旧。

期间成本报告分析

期间成本报告要遵循第 6 章中详细讲解的成本要素，并考虑到本章所述的调整。

因此，可以按以下方式分析成本，见表7-1。

表7-1　成本分析方式表

单位：英镑（£）

成本类型	成本要素		金额
生产成本	直接成本	直接材料成本	
		直接人工成本	
		其他直接费用	
	间接生产成本		
期间费用			
总成本			

报告的详细程度和结构取决于企业管理层对细节和清晰度的要求，以下是撰写期间成本报告的简单示例。

期间成本报告——简单示例

Arkan Fashions 公司——以下成本信息摘自该服装制造商 10 月份的记录。

可以通过成本要素来分析这些信息，然后做成一份简单的期间成本报告，数据见表 7-2、表 7-3。

仔细观察前文中的报告，会发现它采用了 Arkan Fashions 公司的成本数据，并通过成本要素对其进行了分析。请注意，表 7-3 中的营业税被分摊为生产成本和期间费用。你经常会在企业中发现这样的成本分类，其中一些成本与工厂有关，而另一些与企业的非生产职能有关。管理层必须决定如何分摊这些成本，以便对成本进行合理的分析。

表 7-2 Arkan Fashions 公司 10 月成本要素

单位：英镑（£）

成本要素	金额
面料	30200
纽扣、饰边	1580
缝纫线	1650
工资和薪金： 裁剪工人工资 车缝工人工资 熨烫工人工资 主管工资 管理人员工资 行政人员工资	 2400 6400 3000 3200 3600 2600
厂房租金	8000
办公室租金	1000
营业税（工厂 75%，办公室 25%）	2400
工厂杂费	680
银行手续费和利息	250
折旧： 工厂机械 工厂家具 办公家具	 150 100 50

表 7-3 Arkan Fashions 公司 10 月期间成本报告

单位：英镑（£）

成本类型			成本要素	金额	合计	
生产成本	直接成本	直接材料成本	面料	30200	33430	45230
			纽扣、饰边	1580		
			缝纫线	1650		
		直接人工成本	裁剪工人工资	2400	11800	
			车缝工人工资	6400		
			熨烫工人工资	3000		

成本类型	成本要素			金额	合计	
生产成本	间接生产成本	间接人工成本	主管工资	3200	6800	17530
			管理人员工资	3600		
		其他间接费用	厂房租金	8000	10480	
			营业税	1800		
			工厂杂费	680		
			工厂机械（折旧）	150	250	
			工厂家具（折旧）	100		
期间费用	行政人员工资			2600	4500	
	办公室租金			1000		
	营业税			600		
	银行手续费和利息			250		
	办公家具（折旧）			50		
总成本					67260	

该报表使用三列内容来分析成本，但根据数据的范围和企业管理所需的分析程度，报表可以分出更多或更少的列。在前文的讲解中，直接材料成本、直接人工成本、间接生产成本等成本的主要要素，都汇总在右列中，这样管理层就能够轻松查看这些成本，而这些成本的构成则显示在内列中。

本章末尾的习题1部分提供了一个类似的成本数据集，在继续阅读之前，你可以练习制作一份简单的期间成本报告。

库存

Arkan Fashions 公司的图表对了解期间成本报告的基本分析很有用，但在实际情况中，直接材料成本的构成更为复杂。大多数制造商会保留一些材料库存以供后期生产使用，一个月内购买的直接材料可能并不总是在该月就投入生产，可能会被储存起来以备日后使用。

有些材料可能是专门为工厂中的某些工作而购买的，但其他常用材料可能会一直备有库存。在我们的期间成本报告中，我们要尽量显示生产中使用的材料成本，即消耗的直接材料成本，而不是该期间购买直接材料的成本。

因此，期间成本报告必须考虑期初和期末库存的直接材料成本，期初持有的材料库存称为期初库存，期末剩余的库存称为期末库存。当期消耗的直接材料成本计算公式如下：

当期消耗的直接材料成本 = 直接材料期初库存价值 + 当期采购的直接材料成本 −

直接材料期末库存价值

示例

一家牛仔裤制造商使用大量蓝色牛仔面料，并定期购买这种面料，以保持库存准备投入生产。

1月初，该企业存有13000米的蓝色牛仔面料，价值18200英镑。在1月期间，又以52650英镑的价格购买了39000米面料。到1月底，还有库存19000米的面料，价值为25650英镑。

由此可以根据公式计算出该企业1月消耗的蓝色牛仔面料的成本为：

$$18200+52650-25650=45200（英镑）$$

注：材料或库存的价值通常是根据购买这些材料的成本计算的，也就是制造商为它们支付的费用。如果制造商必须支付材料的运费，这通常也要包含在这些材料的成本中，这种成本通常被称为运输成本。

在上述计算中，只考虑了一种直接材料，即蓝色牛仔面料，但在服装厂中还会使用许多其他织物和材料。下面将解释说明在涉及多种材料的情况下该如何处理直接材料成本。

表7–4说明了该企业使用一系列直接材料的情况（已简化），表格内容从左至右来看，第1列为月初直接材料期初库存价值，第2列为当月直接材料采购成本，第3列为期初库存价值加直接材料采购成本，第4列为期末库存价值，第5列为消耗的直接材料成本。在表格的底部，显示了当月的总计，这些数值会出现在期间成本报告中。表7–5为该企业直接材料成本核算表，可根据上述计算公式进行计算。

关于库存的最后一点说明是，某一时期的期末库存价值成为下一时期的期初库存价值。例如，如果工厂在1月31日营业结束时对其库存进行估值，那么确定的数值将是1月期末库存，同时也代表着在2月1日开始工作的期初库存。因此，1月的期末库存数据是2月的期初库存数据。

表7-4　企业直接材料的使用情况（简化版）

单位：英镑（£）

材料	期初库存价值	直接材料采购成本	前两者的和	期末库存价值	消耗的直接材料成本
蓝色牛仔布	1200	8400	9600	1650	7950
灰色牛仔布	800	6700	7500	1500	6000
石灯芯绒	4300	0	4300	1200	3100
绿色灯芯绒	850	5700	6550	2100	4450
灰色涤棉	750	4400	5150	800	4350
印花布	230	3500	3730	350	3380
总计	8130	28700	36830	7600	29230

表7-5　企业直接材料成本核算表

单位：英镑（£）

列项	金额
直接材料期初库存价值	8130
当期采购的直接材料成本	28700
直接材料期末库存价值	7600
当期消耗的直接材料成本	29230

在制品的价值

在期间成本报告中的另一个复杂情况是，对于大多数工厂而言，在期初和期末时，工厂中总会有一些部分完成的服装。因此，任何时期的成本都应包括完成上一时期已开始生产但未完成的服装成本和下一时期才能完成生产的起始成本。这些服装被称为在制品，通常在每个时期结束时对其进行估值。不同的工厂有不同的在制品的估值方法，但基本上是计算在不同的生产阶段已完成的部分产品成本，包括它们的材料成本和达到该完成的工序时所产生的其他成本。

为了简化这一点，工厂把生产工序分解成多个阶段，如所有服装在第 1 阶段完成 10%，在第 2 阶段完成 20%，在第 3 阶段完成 30%，依此类推。

在上一期期末的在制品价值就等于下一期期初在制品的价值。

期间成本报告通常会根据在制品的价值进行调整，从而调整生产成本。

在制品估值调整

在制品估值调整会按以下方式进行：

生产成本 = 直接成本 + 间接成本 + 在制品的期初价值 – 在制品的期末价值

期末账项调整

如前所述，期间成本报告的目的是相对准确显示该时间段的成本，这意味着报告中可能需要调整直接材料成本和在制品库存价值。但是，其他成本可能也需要进行调整，才能更准确地反映该时间段的成本。例如，英国的营业税通常分摊在 4 月和 10 月分两次支付，4 月份的营业税支付将涵盖到 9 月底，而每个月的期间成本报告仅包含该月的营业税。

示例

企业收到一份来年的 4800 英镑的财产保险账单，需要立即支付，涵盖了 1 ~ 12 月的业务。

如果将这笔财产保险成本计入月度期间成本报告，就应该显示为每月 400 英镑（4800 英镑 ÷12 月）。

当支付成本不是问题时，产生成本的时间就显得更为重要。

下面分析一个更详细的期间成本报告示例，你可以先观察数据，再查看报告，看看它是如何遵循成本要素进行分析的。

期间成本报告——详细说明

以下是 Alpha Garments 有限公司 1 月的成本记录，表 7–6 为该公司的一份期间成本报告的分析。

工厂员工薪金和其他费用：

- 裁剪工人工资   58100 英镑
- 熨烫工人工资   4320 英镑
- 车缝工人工资   134100 英镑
- 收发工人工资   29200 英镑
- 包装工人工资   8045 英镑
- 主管工资   13700 英镑
- 培训费用   3575 英镑
- 清洁费用   8344 英镑
- 工厂管理费用   12800 英镑

直接材料成本：

- 期初库存   178800 英镑
- 期末库存   215000 英镑
- 期间购买成本   575000 英镑
- 内部运输费   5960 英镑

营业税（2/3 工厂）   27000 英镑

电力、照明和供热费（2/3 工厂）   36000 英镑

保险（3/4 工厂）   16000 英镑

销售和行政人员工资   63000 英镑

电话、邮资和文具费   5060 英镑

贷款和利息   5660 英镑

分销成本   11600 英镑

折旧：

- 工厂机械   20800 英镑
- 工厂家具和配件   5500 英镑
- 办公家具和设备   3800 英镑

在制品的价值：

- 期初   12660 英镑
- 期末   14300 英镑

表 7-6　Alpha Garments 有限公司期间成本报告——20** 年1月

单位：英镑（£）

成本类型			成本要素	金额	合计	
生产成本	直接成本	直接材料成本	期初库存价值	178800	544760	895604
			期间购买成本	575000		
			内部运输费	5960		
			期末库存价值（减）	215000		
		直接人工成本	裁剪工人工资	58100	233765	
			熨烫工人工资	4320		
			车缝工人工资	134100		
			收发工人工资	29200		
			包装工人工资	8045		
		其他直接费用				
	间接生产成本	间接人工成本	主管工资	13700	38419	895604
			培训费用	3575		
			清洁费用	8344		
			工厂管理人员工资	12800		
		其他间接费用	营业税	18000	10480	
			电力、照明和供热费	24000		
			保险	12000		
			机械（折旧）	20800	26300	
			家具和配件（折旧）	5500		
	在制品的期初价值（加）			12660		
	在制品的期末价值（减）			14300		
期间费用	分销成本			11600	114120	
	销售和管理人员工资			63000		
	办公业务费用			9000		
	电费			12000		
	保险			4000		
	电话、邮费和文具费			5060		
	办公家具（折旧）			3800		
	贷款和利息			5660		
总成本				1009724		

习题

习题1

根据以下数据，为 Bern Heart Fashions 公司制作一份对成本要素进行分析的 8 月份的期间成本报告。

单位：英镑（£）

成本要素	金额
直接材料成本	86700
裁剪工人工资	2300
车缝工人工资	3500
熨烫和后整工人工资	2580
工厂设备折旧	350
办公设备折旧	230
厂长工资	3800
电费（3/4 工厂）	4200
保险（3/4 工厂）	250
行政人员工资	2680
直接材料期初库存价值	2500
在制品的期初价值	4250
直接材料期末库存价值	2800
在制品的期末价值	4350
银行手续费	120

习题2

根据以下 Spring Garments 公司 5 月份的相关数据，制作一份详细的期间成本报告。

成本要素	金额
在制品的期初价值	5600
在制品的期末价值	6200
直接材料的期初库存价值	7800
直接材料的期末库存价值	9200
5 月直接材料采购费	88000
5 月内部运输费	230
直接材料退货	340
银行手续费和利息	420
折旧： 办公家具和设备 工厂机械家具及配件	120 1500
厂长工资	4500
清洁成本（3/4 工厂）	6400
缝纫工人工资	8600
裁剪工人工资	4400
熨烫和后整工人工资	3200
行政人员工资	2250
租金和商业费率（工厂80%）	5600
保险（工厂80%）	250
邮资和文具费	380
工厂杂费	130

习题 3

根据以下与制造商直接材料相关的详细信息，做一份期间成本报告，需要对制造商持有的每条库存线进行分析，显示总期初库存价值、当月总采购成本、总期末库存价值和本月内消耗材料总成本。

20** 年 10 月	
项目	**金额**
本月采购成本：	
灰色涤棉布	3500
蓝色牛仔布	4200
素色印花布	2500
白棉布	2500
衬布	1600
纽扣	680
缝纫线	1200
10 月 1 日期初库存价值：	
灰色涤棉布	320
蓝色牛仔布	2100
素色印花布	2200
白棉布	2100
蓝棉布	1350
衬布	3400
纽扣	1050
缝纫线	860
拉链	380
10 月 31 日期末库存价值：	
灰色涤棉布	480
蓝色牛仔布	1200
素色印花布	860
白棉布	1400
蓝棉布	1250
衬布	2250
纽扣	340
缝纫线	250
拉链	380
10 月份的运费：	
灰色涤棉布	125
蓝色牛仔布	80

拓展阅读

Boyd, K.（2013）*Cost Accounting for Dummies*, Hoboken, NJ：Wiley.

Drury, C.（2015）*Management and Cost Accounting*, Australia：Cengage Learning.

第 8 章　产品成本—生产成本核算

引言

本章旨在解决工厂的单项生产成本核算问题。它基于成本要素，并将吸收成本的概念引入成本核算。在本章结束时，学生应该能够理解生产成本核算的原理，并能够根据给定的信息计算生产成本。

什么是生产成本核算

生产成本核算是指对通过工厂的生产流程进行成本核算。如果零售商联系一家工厂生产一定数量的服装，那么制造商可以通过生产成本核算来了解制作服装的成本，并根据提供的合同报价来确定是否能够获得利润。

生产成本是根据前面章节中考虑的成本要素建立的，原则上是从直接材料成本、直接人工成本和其他直接费用（如果有的话）开始核算生产成本。这是生产成本的主要部分，另外还要加入间接生产成本和期间费用的部分。这种建立成本的传统系统称为吸收成本计算法，分配给每项工作的间接成本份额被称为吸收的间接成本。

生产成本核算过程见图 8-1。

直接成本的处理

直接成本包括直接材料成本、直接人工成本和其他直接费用，计算时应尽可能使用实际成本，如面料、衬里、缝纫线、纽扣、拉链等制作服装的直接材料的实际成

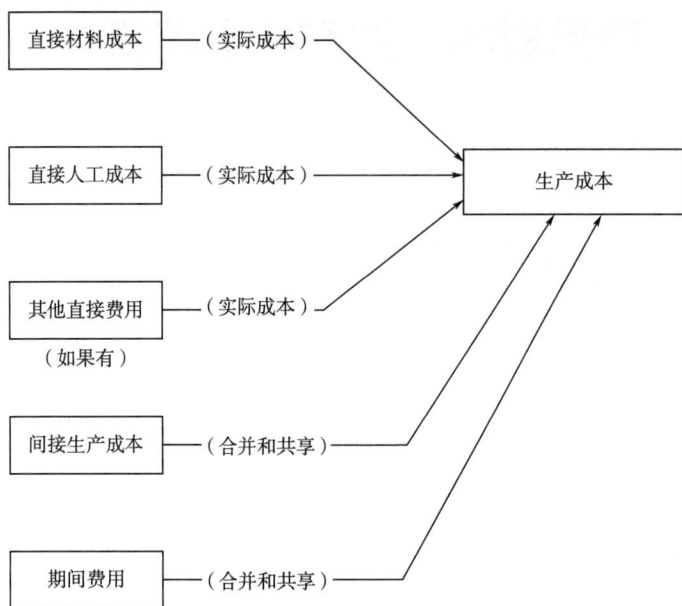

图 8-1　生产成本核算过程

本。制作每件衣服所需的面料用量取决于排板规划，在使用计算机辅助排板的情况下，计算机会给出每件衣服所需面料用量的准确数据。

示例

一家生产 2 万件连衣裙的工厂已经完成了其排板规划，显示标准宽度下的平均面料用量为 1.25 米，面料以每米 2.30 英镑的价格购买，因此这项工作的面料成本计算如下：

$$2.30 \times 1.25 \times 20000 = 57500（英镑）$$

用于制作服装的其他直接材料也将对这些材料的实际成本进行成本核算，但可能会需要一些估算。例如，没有一个简单或精准的方法来计算服装上使用的缝纫线的成本，因此工厂会估算此成本，但制造商仍要尽可能使用直接材料的实际成本进行核算。需要注意的是，确保所有使用的直接材料成本都包含在生产成本中，包括标签和洗水唛的成本。请记住，直接材料成本可能占生产成本的 50%。

同样，制作服装的操作工人的工资就是生产中的直接人工成本。这通常是基于执行各个工序所需的时间来计算的，如裁剪、车缝、熨烫以及在某些情况下包装的时间，其成本的计算方式就是将该生产活动所需的时间乘以每小时的工资率。但必须考虑到工人的工作速度存在差异，无法保证工人始终处于最佳的工作状态。除此之外，这部分成本还可能要包括用于支付雇主对国家保险和养老金计划缴款的补贴。

许多加工操作的成本是基于每分钟标准工时值或 SMV 进行计算的，标准工时就是执行该加工过程的标准时间。可以将整件服装的加工时间进行总计，转换为小时，再乘以适当的工资率，就得出相应的直接人工成本了。

示例一

一条裙子的标准车缝时间为12分钟，现在总共要制作2万条裙子，车缝工人的时薪为6.10英镑。车缝操作所花费的直接人工成本计算如下：

$$\frac{12 \times 20000}{60} = 4000（小时）即直接工时$$

$$6.10 \times 4000 = 24400（英镑）即车缝操作的直接人工成本$$

在出现直接成本的情况下，与服装加工相关的特许权使用费或特定成本也是根据实际成本计算的，这些成本几乎都是按每件衣服报价的，因此很容易计算。

示例二

一家牛仔裤制造商的2万条牛仔裤需要经过石洗处理，但制造商不在自己的工厂进行石洗，而是以每条0.20英镑的价格外包给其他工厂加工。那么，其直接人工成本的计算如下：

$$0.20 \times 20000 = 4000（英镑）$$

因此，该制造商外包石洗工作的直接人工成本为4000英镑。

间接成本的处理

正如前几章所示，企业的间接成本主要包含两类，即间接生产成本和期间费用，这两者都可以按某项具体工序的部分成本而计入总成本。但间接成本与直接成本不同，它们与工厂的具体工序无关。间接成本是运营工厂和企业的更广泛的成本，并且往往与时间段有关，而不是与工厂的产品有关。尽管如此，间接成本仍需要包含在生产成本核算过程中。

间接成本的另一个特点是它们不是一次性支付，往往是在一年中的不同时间段支付，如水电费是每季度付一次，营业费是每半年付一次，租金是每月预付的，管理人员工资是每月发一次，主管工资是每周发一次等。因此，在一年中的各个阶段，间接成本的全部范围也未必完全清晰。

为了解决这些问题，通常会预先用吸收成本法估算全年的间接成本，然后在商定的基础上将成本在工作中进行分摊，这个分摊过程被称为成本吸收或成本归纳。

间接成本的吸收

有多种方法可以将间接成本吸收到生产成本中。在本书中，我们主要介绍以下四种广泛使用的方法。

1. 与单位产品的产量成比例——单位产品的成本吸收率。
2. 与直接工时成比例——直接工时的成本吸收率。
3. 与直接人工成本成比例——直接人工成本的成本吸收率。
4. 与机器运行时间成比例——机器工时的成本吸收率。

单位产品的成本吸收率

在此方法中，用预估的年度总间接成本除以预估该年度生产的产品总数，就得出生产每件服装需要吸收的成本比率。计算公式如下：

$$单位产品的成本吸收率 = \frac{预估总间接成本}{预估总产量数}$$

示例

一家服装制造商估计今年的间接成本为 125500 英镑，并预计今年的产量为 48000 件。那么每件服装的成本吸收率计算如下：

$$\frac{125500}{48000} = 2.61（英镑／件）$$

因此，对于生产的每件服装，制造商需要增加 2.61 英镑的成本来支付生产费用。在 20000

件裙子的生产过程中，生产费用计算如下：

$$2.61 \times 20000 = 52200（英镑）即这 20000 条裙子吸收的间接成本$$

这种方法的缺点就是制造的服装都必须相同才行，因为一些复杂的服装可能要花费更多的时间。然而，对于制造类似产品的小型制造商来说，这种吸收间接成本的方法简单易行。

直接工时的成本吸收率

在此方法中，用预估年度总间接成本除以预估年度总直接人工工时，就得出每个直接工时要吸收的间接成本。计算公式如下：

$$直接工时的成本吸收率 = \frac{预估总间接成本}{预估总直接工时}$$

示例

一家制造商预估其全年的间接成本为 125500 英镑，并预估全年有 19600 个直接人工工时，其直接工时的成本吸收率计算如下：

$$\frac{125500}{19600} = 6.40（英镑／时）$$

因此，在直接人工工时为 4020 小时的生产中，要吸收到生产成本中的间接成本是：

$$4020 \times 6.40 = 25728（英镑），即这 4020 小时的工时所吸收的间接成本。$$

直接人工成本的成本吸收率

这是计算直接工时的成本吸收率的一种变化形式，只是把预估的直接人工工时换成了预估的直接人工成本，其本质是相同的。在工厂或制造部门直接工资相同的情况下，结果应该是近似的。直接人工成本的成本吸收率的计算公式如下：

$$直接人工成本的成本吸收率 = \frac{预估总间接成本}{预估总直接人工成本} \times 100\%$$

示例

一家制造商估计一年的间接成本为 125500 英镑，估计一年的直接人工成本为 88200 英镑。那么，直接人工成本中用于吸收间接成本的百分比计算如下：

$$\frac{125500}{88200} \times 100\% = 142.3\%$$

也就是说，生产成本中含被吸收的间接成本占直接人工成本的 142.3%。

机器工时的成本吸收率

这种吸收间接成本的方法适用于自动化程度高的工厂或制造部门，其产品的产量不受操作员控制，如服装厂的自动熔合或自动裁剪工作。在该方法中，将机器运行时间用于计算成本吸收率。机器工时的成本吸收率的计算公式如下：

$$机器工时的成本吸收率 = \frac{预估总间接成本}{预估机器工作总小时数}$$

示例

一家服装制造商有一台基本自动化的熔合工艺设备。该部分的间接成本估计为 42500 英镑，全年机器运行时间为 2000 小时。那么该制造商的机器工时的成本吸收率计算如下：

$$\frac{42500}{2000} = 21.25（英镑 / 时）$$

因此，这台机器每小时 21.25 英镑的费用需要加在其完成的熔合工序的每项工作上。

成本中心

除了一些不常见的或非常小的工序，一般情况下能够计算出整个工厂的间接成本吸收率。多数制造单元会被分解到被称为"成本中心"的部门，每个成本中心都有各自的间接成本吸收率。如前文所述，根据该成本中心的预估间接成本计算，通常还包括"服务间接成本"的份额，如清洁、维护、仓储、食堂服务等费用。

建立基于成本中心的间接成本吸收率具有以下优点：

- 能够更准确地计算生产成本中的间接成本。
- 允许工厂相关部门选择最适合该部门的方法来计算成本吸收率。
- 不需要所有生产都经过成本中心，只在生产成本中吸收适用于该生产的间接成本。

期间费用的吸收

在一个年度内，期间费用占间接成本的比例要小得多，但仍然需要在生产成本核算中将其考虑在内。值得注意的是，虽然这些成本在间接成本中所占的比例要小得多，但它们仍然很重要，而且往往在管理架构较大的大公司中，期间费用可能要高得多。

生产成本核算中对期间费用的处理方法是在产品的生产成本中增加一小部分。这一比例随着企业规模的不同而有很大差异，在小型企业中为 2% 或 3%，而在大企业中可能达到 12% ~ 15%。理论上，预估当年的期间费用，并将其作为当年预估的总生产成本的百分比，该百分比计算公式为：

$$预估总生产成本的百分比 = \frac{预估期间费用}{预估总生产成本} \times 100\%$$

示例

一家制造商预估企业一年的期间费用为 89350 英镑，预估的年度总生产成本为 177.8 万英镑。那么期间费用的吸收将基于以下百分比：

$$\frac{89350}{1778000} \times 100\% = 5\%$$

也就是说，每项工作成本将增加 5% 的生产成本，以表示对期间费用的吸收。然而，由于期间费用的吸收往往有点随意，一些企业只使用标准百分比，而其他企业则不尝试吸收期间费用。

生产成本示例

现在让我们举一个某工厂制造服装的例子。首先，要核对工作内容和成本，并据此编制生产成本表。

工作说明

这项工作是生产 5 万条不同尺码的牛仔裤，成本包括所有材料、包装标签、直接人工成本、石洗等费用，以及适当的间接生产成本和期间费用。

直接材料成本

主要面料：牛仔布，每条 1.285 米，每米 1.80 英镑。

缝纫线：每条 0.05 英镑。

拉链：每条 0.50 英镑。

纽扣：每颗 0.03 英镑，每条牛仔裤上有一颗。

标签：每千个 5.00 英镑。

包装纸板：每千个 5.00 英镑。

直接人工成本

这项工作需要 3 名工人进行 8 小时的裁剪操作。

每件服装的车缝操作需要 12 分钟的标准时间。

每件服装的熨烫和包装操作需要 0.8 分钟的标准时间。

直接人工成本的成本吸收率

裁床室：每小时 7.20 英镑。

车缝操作：每小时 5.80 英镑。

熨烫和包装：每小时 5.75 英镑。

其他直接费用

石洗：以每千条 50 英镑的价格承包。

间接生产成本

成本吸收的计算基于以下数据：

裁床室操作：每直接工时 6.80 英镑。

车缝操作：直接人工成本的 200%。

熨烫和包装操作：直接人工成本的 180%。

期间费用

基于工作生产成本的 5% 的间接成本吸收率。

表 8-1 显示了按成本要素细分的 5 万条牛仔裤订单的生产成本表。表格底部是总成本，即根据预估的间接成本吸收率生产此订单的成本。该表还显示了产品的单位成本，即在订单中制作 1 条牛仔裤的平均成本。

$$单位成本 = \frac{总工作成本}{生产的服装数量}$$

将表中数据代入公式，可得出其单位成本，计算如下：

$$\frac{349355.29}{50000} = 6.99（英镑 / 条）$$

不同的制造商可能会根据自己的电子表格以不同的方式列出成本，但表 8-1 还是说明了要采用的原则。同样，包括雇佣成本在内的工资率可能更高，并且因不同雇主而异，表中也说明了这些原则。

表 8-1 5 万条牛仔裤订单的生产成本

单位：英镑（£）

成本类型		成本要素		计算过程	金额	合计
生产成本	直接成本	直接材料成本	面料	1.285 × 1.8 × 50000	115650	332719.32
			缝纫线	0.05 × 50000	2500	
			拉链	0.5 × 50000	25000	
			纽扣	0.03 × 50000	1500	
			标签	5 × 50	250	
			包装纸板	5 × 50	250	

成本类型	成本要素			计算过程	金额	合计
生产成本	直接成本	直接人工成本	裁剪工人工资	$3 \times 8 \times 7.20$	172.8	332719.32
			车缝工人工资	$[(12 \times 50000) \div 60] \times 5.8$	58000	
			熨烫、包装工人工资	$[(0.8 \times 50000) \div 60] \times 5.75$	3833.33	
		其他直接费用	石洗	50×50	2500	
	间接生产成本		裁床车间	$3 \times 8 \times 6.8$	163.2	
			车缝车间	$58000 \times 200\%$	116000	
			熨烫、包装车间	$3833.33 \times 180\%$	6899.99	
期间费用				$332719.32 \times 5\%$	16635.97	16635.97
总成本				349355.29		
单位成本				$349355.29 \div 50000$		6.99

间接成本的过度吸收 / 吸收不足

本章已经讲解过，间接成本在产品成本核算中是通过根据预估比率吸收它们来处理的。这将需要提前预估间接成本，这对于成熟企业来说应该不是主要问题，如果谨慎估算，数据可以相当准确。然而，在年底产生的间接成本很可能与工作成本核算中吸收的费用并不完全匹配。

若吸收的间接成本超过实际间接成本则称为过度吸收，若吸收的间接成本低于实际间接成本则称为吸收不足，吸收不足和过度吸收都会体现在企业的损益表中。在过度吸收的情况下，会增加企业的利润；在吸收不足的情况下，则会减少企业的利润。显然，吸收不足需要保持在最低限度，因为这会降低企业的预期年终利润，并可能导致会接受价格过低的订单。一定要记住，服装制造的利润率很低。然而，尽管过度吸收增加了年终利润，但可能会导致企业因为价格缺乏竞争力而失去订单。

分步成本法

分步成本法是单位成本核算的一种方法（即确定一件服装的成本）。在本书第3章中提到了这种方法，将期间的总成本除以该期间生产的服装数，可以得出平均单位成本。这种方法有时会被不断生产相同产品的服装制造商使用，以下所列举的某衬衫工厂的成本核算就是一个很好的例子，见表8-2。

在这种情况下，管理层将使用单位成本或分步成本法作为做出接单决策的指南。

计算时还必须注意要考虑到工厂正在进行的生产，可以采用的一种处理方法是将这段时间的总成本除以已完成的服装数加上正在进行而未完成的部分半成品服装转换成整体服装的数量。

表8-2 某衬衫工厂采用分步成本法进行成本核算

项目		数值
期间总成本（英镑）		100000
生产完成的整件服装数（件）		25000
在制的半成品服装数转化为整件服装数（件）	200（1000件已完成20%）	1450
	500（1000件已完成50%）	
	750（1000件已完成70%）	
合计整件服装数（件）		26450
每件服装的加工成本（英镑）		3.78

示例

从前面的示例中可以看出，期末的在制品是用完整性表示的。因此，1000件完成20%的服装代表200件完整的服装。然后将完整服装的名义数量添加到实际完整服装中，给设备提供工艺成本。上述示例中的服装成本计算如下：

$$\frac{100000}{26450} = 3.78（英镑／件）$$

习题

习题 1

Mercia Fashions 公司

根据 Mercia Fashions 公司提供的以下费率计算生产成本。

项目	裁剪	粘衬	车缝	熨烫	包装
直接人工成本	11.05 英镑	6.25 英镑	6.75 英镑	7.15 英镑	6.25 英镑
间接成本的处理方式	直接工时的成本吸收率	机器工时的成本吸收率	直接人工成本的成本吸收率	直接工时的成本吸收率	直接人工成本的成本吸收率
间接成本的吸收数值	15.20 英镑/时	6.70 英镑/时	180%	7.60 英镑/时	150%

此外，Mercia Fashions 公司为所有工作增加了 5% 的生产成本，作为期间费用的吸收。

制作 2 万件女装的生产成本：

直接材料成本

排板图显示，每件连衣裙的平均面料要求为 1.4 米，成本为每米 5.20 英镑。

拉链：每件衣服 1 条，每条 0.45 英镑。

纽扣：每件衣服 3 颗，每颗 0.01 英镑。

衬布：每件衣服 0.25 英镑。

缝纫线：每件衣服 0.20 英镑。

直接人工成本

面料的铺设和切割需要 3 名操作员进行 6 小时的工作。

2 万件连衣裙的黏衬操作可在 3 个机器小时内完成，但是还需要操作员进行 4 小时工作。

车缝每件衣服需要 10 分钟的标准工时。

熨烫每件衣服需要 0.5 分钟的标准工时。

包装每件衣服需要 0.4 分钟的标准工时。

请根据以上数据提供一份生产成本表，显示总生产成本和单位成本。

习题 2

Frankfurt Fashions 公司

Frankfurt Fashions 公司是一家生产女装的服装制造企业。工厂分为三个生产部门，每个部门都是一个成本中心，有单独的间接成本吸收率来吸收间接成本。

三个部门（成本中心）分别是裁剪部门、车缝部门和熨烫部门，它们吸收的生产费用如下：

裁剪——直接工时的成本吸收率

车缝——直接人工成本的成本吸收率

熨烫——直接工时的成本吸收率

除了与生产部门相关的间接成本外，还有一些服务产生的间接成本，如维护、清洁、工厂人员，这些费用都分配给了生产部门。下表详细列出了该公司下一个财政期间的概算。

成本要素	裁剪	车缝	熨烫 / 后整
预估间接成本（英镑）	24000	96000	22000
服务间接成本（英镑）: 维护	6500	35600	6700
清洁	7500	23400	6000
工厂人员	4500	25500	10500
总计（英镑）	42500	180500	45200
直接工时（小时）	5500	18240	5000
机器工时（小时）	3600	—	—
直接人工成本（英镑）	71000	114200	33500

请计算该工厂生产成本的间接成本吸收率。

工厂还增加了 5% 的生产成本,以支付期间费用。

习题 3

Offas Fashions 有限公司

Offas Fashions 有限公司是一家服装制造商,进行生产成本核算并在本年度使用以下工资率和间接成本吸收率。

项目	裁剪	粘衬	车缝	熨烫
直接人工成本	8.80 英镑	4.20 英镑	4.50 英镑	4.80 英镑
间接成本的处理方式	直接工时的成本吸收率	机器工时的成本吸收	直接人工成本的成本吸收率	直接工时的成本吸收率
间接成本的吸收数值	10.50 英镑 / 时	4.50 英镑 / 时	180%	5.50 英镑 / 时

此外,Offas Fashions 有限公司为所有工作增加了 5% 的生产成本,以支付期间费用。

你需要为以下工作计算总生产成本和单位成本。

工作编号:1578/003

工作内容:用一种面料制作 5 万条不同尺寸的裤子。

直接材料成本

排料图显示,基于 150 厘米的面料宽度进行计算,每条裤子的平均面料要求为 1.29 米,这种面料的成本为每米 2.75 英镑。

拉链:每条一个,每个 0.48 英镑。

腰带衬里:每件衣服花费 0.15 英镑。

黏合衬:每件衣服花费 0.20 英镑。

金属钩扣:每条 1 个,每个 0.01 英镑。

缝纫线:每件衣服花费 0.25 英镑。

直接人工成本

面料铺设和切割工作将需要 3 名操作员工作 10 小时，并使用 28 小时的机器时间。整个黏衬工作则分别需要机器时间 3 小时和人工时间 4 小时来完成。

习题 4

Wessex Wear 有限公司

Wessex Wear 有限公司是一家服装制造商，进行生产成本核算并在本年度使用以下工资率和间接成本吸收率。

项目	裁剪	车缝	熨烫
直接人工成本	8.75 英镑	4.50 英镑	4.60 英镑
间接成本的处理方式	直接工时的成本吸收率	直接人工成本的成本吸收率	直接工时的成本吸收率
间接成本的吸收数值	10.50 英镑 / 时	175%	5.50 英镑 / 时

此外，Wessex Wear 有限公司为所有工作增加了 5% 的生产成本，以支付期间费用。

你需要为以下工作计算总生产成本和单位成本。

工作编号：1679/003

工作内容：用一种面料制作 25000 条不同尺寸的牛仔裙。

直接材料成本

排板图显示，基于 150 厘米的面料宽度进行计算，每条裙子的平均面料要求为 0.85 米，这种面料的成本为每米 2.45 英镑。

拉链：每条裙子一个，每个 0.45 英镑。

纽扣：每条裙子一颗，每颗 0.01 英镑。

缝纫线：每条裙子一根，每根 0.20 英镑。

直接人工成本

面料铺设和切割工作将需要 3 个操作员工作 6 小时完成。

每件衣服的车缝操作需要 9.5 分钟的标准工时。

熨烫需要 0.40 分钟的标准工时。

其他直接费用

外部石洗和撕裂设计，每件衣服 0.36 英镑。

拓展阅读

Bhimani, A. (2015) *Management and Cost Accounting* (6th ed.), New York；Harlow, England：Pearson.

Boyd, K. (2013) *Cost Accounting for Dummies*, Hoboken, NJ：Wiley.

Drury, C. (2018) *Management and Cost Accounting* (10th ed.), Australia：Cengage Learning.

第9章 边际成本核算

引言

在本书第 6 章开始时，讲到可以通过多种方式对成本进行分类，其中有一种考虑成本的方式是基于企业行为的。如果考虑制造业务的成本，可以看出一些成本与制造的产品密切相关，如产品中使用的直接材料成本和用于制造产品的直接人工成本。虽然有些成本与整个业务有关，但它们不与制造的产品直接相关，而且通常是基于一段时间的支出，如工厂办公室的租金、营业税或管理人员工资等。

这种成本分类方法被称为边际成本核算，这种方法可以增加我们对成本的整体理解，并且可以提供一种在决策过程中考虑成本的有效方法。

可变成本

与所制造产品直接相关的成本被称为可变成本或边际成本，它们往往与所制造产品的产量成比例增加。因此，制作的服装数量越多，所需面料的数量就越多，总体而言，所需面料的数量与生产的服装数量成正比，面料成本会随着服装产量的增加而增加。

然而，由于每件服装（同一类型）使用相同数量的面料，因此每件服装的可变成本的单位成本是相同的。

在服装厂中，以下成本是典型的可变成本：

- 面料的费用
- 缝纫线的费用

- 饰边的费用
- 紧固件的费用，如纽扣等
- 衬布的费用
- 裁剪工人工资
- 车缝工人工资
- 熨烫工人工资
- 特许权使用费

固定成本

与整个业务相关但与正在制造的产品无关的成本被称为固定成本，这些成本通常与时间段有关，故有时也称为期间成本。这些成本在一段时间内是固定的，如租金和营业税等。这并不是说租金和利率不会增加，而是在给定的时间段内保持不变。实际上，它们通常会从一年增加到下一年，但不会随着产品产量的增加而增加。

然而，这意味着单位成本的固定成本反而会随着产量的增加而降低。以某个工厂单位租金为例，假设制造商每年必须支付 10 万英镑的租金，如果他在此期间生产了 5 万件服装，那么每件服装的单位成本为 2 英镑，但如果他生产 10 万件服装，那么单位成本将变为 1 英镑。

在服装厂中，以下成本是典型的固定成本：

- 厂房、办公室等租金
- 营业税
- 管理人员工资
- 贷款利息
- 保险

半可变成本

不可避免的是，在企业的所有业务中，还存在一些复杂的成本，无论是用"可变"还是用"固定"类别都不容易界定，因为它们通常同时包含两者的元素，这些成本被称为半可变成本或半固定成本。这些成本同时具有固定成本和可变成本的因素，有时容易确定，有时很难确定。

在服装厂，半可变成本的典型示例可能就是主管的工资，其中主管获得的是主管岗位的固定工资，同时也会因生产线上生产服装的产量而获得额外提成。

在服装厂中，以下成本是典型的半可变成本：

● 电力费用（固定费用和消耗电力单位的费用）
● 机器折旧费用
● 维护费用

了解了这种分析成本的方法后，需要考虑如何使用它。实际上它有很多用途，如可以用来生成基于这种成本分类的边际成本表，可以用于盈亏平衡分析（见第10章），可以用于预算编制并做弹性预算。本章将介绍贡献和边际成本表。

贡献

到目前为止，我们已经了解了成本，并已经在成本和利润之间建立了联系，即当年的收入减去当年的成本就是当年的利润。对于边际成本，我们不仅要关注整个企业的利润，还要关注每种产品对企业固定成本和整体利润的贡献。

贡献是通过产品产生的收入减去可变成本来计算的，产品产生的收入通常被称为销售额，因此贡献的计算公式如下：

贡献 = 销售额 - 可变成本

示例

服装制造商 Modus Shirts 拥有三种产品——运动衫、Polo 衫和 T 恤衫，这三种产品的销售取得了不同程度的成功。

销售额

运动衫的销售额为 140000 英镑，Polo 衫的销售额为 100000 英镑，T 恤衫的销售额为 50000 英镑。它们分别对应产生的直接材料成本和直接人工成本，就是各自的可变成本。

可变成本

运动衫的可变成本为 72000 英镑，Polo 衫的可变成本为 56000 英镑，T 恤衫的可变成本为 48000 英镑。

该工厂还产生了租金和营业税以及一系列其他固定成本，全年总计 44000 英镑。其边际成本表见表 9–1。

表 9–1　Modus Shirts 边际成本表（一）

单位：千英镑（£'000）

成本要素	运动衫	Polo 衫	T 恤	合计
销售额	140	100	50	290
可变成本	72	56	48	176
贡献	68	44	2	114
固定成本	44			
净利润	70			

从表 9–1 中可以看出，Modus Shirts 公司的信息已用边际成本格式表示，并且已经算出了每种产品的贡献，固定成本仅从总贡献中扣除，由此可以得出整个企业的利润。

贡献表明了每种产品为企业分摊固定成本或增加利润贡献了多少。从 Modus Shirts 公司的示例中可以看出，每种产品都贡献了利润。因此，它们都对企业的固定成本和整体盈利能力做出了贡献，这样企业就可以通过增加产品量来实现满足固定成本和增加利润的目标。如果产品显示亏损，则需要由管理层仔细研究能否对其进行改善，否则就可能需要转型或停止该产品的生产。

如果在 Modus Shirts 公司的示例中，生产 T 恤的可变成本为 52000 英镑，那么 T 恤业务就是亏损的，见表 9–2。

在这种情况下，Modus Shirts 公司将不得不决定如何处理亏损的产品系列。在某些情况下，管理层为了能够销售更多其他可盈利的产品，可能会接受该产品的亏损，但一般来说，亏损的产品应该被消除。

在继续阅读下文之前，你可以思考一下 Modus Shirts 公司的管理层在这些情况下可以采取什么样的措施。

表9-2　Modus Shirts 边际成本表（二）

单位：千英镑（£'000）

成本要素	运动衫	Polo 衫	T 恤	总计
销售额	140	100	50	290
可变成本	72	56	52	180
贡献	68	44	−2	110
固定成本	44			
净利润	66			

以下是 Modus Shirts 公司管理层可用的一些措施：

1. 考虑 T 恤是否可以通过涨价来增加销售收入。
2. 着眼于控制 T 恤的成本，也许可以更好地利用面料以减少可变成本。
3. 可以将措施 1 和措施 2 同时进行，以获得盈利。
4. 从产品系列中剔除 T 恤，看看是否可以将闲置出来的产能用于能够盈利的产品，如生产连帽衫。
5. 从产品系列中剔除 T 恤，如果市场还有增量空间，则利用闲置产能生产更多运动衫和 Polo 衫。
6. 可以将措施 4 和措施 5 多次组合进行。

半可变成本的处理

如前所述，大多数企业都会有一些不容易归入可变成本或固定成本的成本类别，这些成本通常包含两者的元素，很不容易分开。边际成本法对半可变成本的处理是将它们拆分为各自的固定成本和可变成本，这可以根据成本的性质拆分，但也需要进行一些预估。

一个典型且相对简单的例子就是工厂主管的工资，主管因其监督岗位的工作获得固定工资，同时还根据在服装生产线上完成生产任务的比例获得额外报酬。因此，这种半可变成本很容易在其固定成本和可变成本之间进行分摊。

更复杂的半可变成本是电费，因为其可能包括固定的费用和实际消耗的电费。在某些情况下，消耗不同电量还可能呈现出阶梯式的电价。显然，固定费用是固定成本，而实际消耗的电费也不仅仅用于生产机器的运转，还会用于办公室、照明、供暖等其他方面。因此，电费不能简单地划分为固定成本与实际消耗费用。另外，工厂的维护成本很可能会出现类似的情况。在这些情况下，管理层将不得不将半可变成本分解为固定成本和可变成本的比例。

示例

此示例说明了如何在边际成本表中处理半可变成本，具体见表9-3、表9-4。表9-3显示了一家小型制造商在未来一段时间内的成本，其目标是在此期间以每件6.50英镑的价格生产1万件标准服装（共6.5万英镑）。

表9-3　成本估算表

单位：英镑（£）

成本要素	成本类型	成本金额	1万件成衣产量时的成本
直接材料成本	可变成本	2.85（每件衣服）	28500
直接人工成本	可变成本	2（每件衣服）	20000
租金/营业税	固定成本	4000	5000
监管费用	半可变成本	4000（固定）+ 0.25（每件衣服）	6000（固定）、2500（可变）
电费	半可变成本	500（固定）+ 0.5（每件衣服）	5000（固定）、5000（可变）

表9-4　边际成本表

单位：英镑（£）

成本要素	费用
销售额（10000 × 6.50）	65000
可变成本（5.60 × 10000）	56000
贡献	9000
固定成本（4000+4000+500）	8500
净利润	500

在表9-4的边际成本表中，所有可变成本被归为一组（如果有多个可变成本，则归纳在它们各自的产品下），所有固定成本也被归为一组。其中，可变成本由直接材料成

本、直接人工成本和监管的可变成本以及电费组成。因此，可变成本的计算过程如下：

$$2.85+2.00+0.25+0.50=5.60（英镑）$$

案例分析

Country Style 公司是一家保守的企业，生产男士"hacking"风格的夹克和马甲。该公司分析了其下半年的成本和预期销售额，并得出了以下数据，见表9-5、表9-6。

表9-5 Country Style 预期销售额

单位：英镑（£）

项目	夹克款式		
	Dale 系列	Glen 系列	Gillet 系列
卖给零售商的价格	28.50	40.00	25.00
每种款式的可变成本	25.50	37.00	21.50
预期销售额（基于订单）	24000	13500	10000

该期间的固定成本计算为 15 万英镑。

表9-6 Country Style 现有业务边际成本表

单位：英镑（£）

项目	夹克款式			
	Dale 系列	Glen 系列	Gillet 系列	总计
销售额	684000	540000	250000	1474000
可变成本	612000	499500	215000	1326500
贡献	72000	40500	35000	147500
固定成本	150000			
净利润（亏损）	−2500			

鉴于近年来业务收缩，公司的工厂确实有一些闲置产能，可以增加业务。工厂还有另一个潜在的大量夹克订单，但需要生产 Glen 系列款式，并对其进行一些修改来适合海外买家，这会导致这些夹克的可变成本增加 0.5 英镑。在此期间，夹克的订单可能为 5000 件，并且买家可能会在未来继续下单。然而，除了这批 Glen 系列款式夹

克的可变成本增加外，客户还希望降低价格，只愿意为每件夹克支付 38 英镑。

提出的问题

1. 考虑到公司现有的业务，管理层需要思考他们目前的处境。
2. 假设他们有能力接受这批订单，管理层是否可以在增加成本和降低售价的条件下接受新订单。

从表 9-6 中可以看出，在现有业务的基础上，当期将出现小幅亏损。然而，值得注意的是，所有产品线都表现出了积极的贡献。

表 9-6 中的数据是通过将案例分析中给出的销售额和可变成本的数值乘以预估的待售服装数量得出的。因此，Dale 系列款式夹克的销售额计算公式与结果为：

$$28.50 \times 24000 = 684000（英镑）$$

修改后的 Glen 系列款式夹克的数据是通过采用原有 Glen 系列款式的数据并调整它们，以考虑与潜在订单相关的修订数据进行计算得出的。因此，每件衣服的售价变为 38 英镑，每件衣服的可变成本变为 37.5 英镑。因此，其对潜在业务的贡献非常小——每件衣服只有 0.5 英镑，但从表 9-7 中可以看出，这足以使企业在未来一段时间内实现盈亏平衡（即不盈利也不亏损）。如果该批面向海外客户的 Glen 系列款式夹克的转型生产成功，将带动公司更多的海外业务发展。表 9-8 为企业的成本分类表。

表 9-7　现有边际成本表加上潜在业务

单位：英镑（£）

项目	夹克款式				
	Dale 系列	Glen 系列	修改后的 Glen 系列	Gillet 系列	总计
销售额	684000	540000	190000	250000	1664000
可变成本	612000	499500	187500	215000	1514000
贡献	72000	40500	2500	35000	150000
固定成本	150000				
净利润	—				

表 9-8　成本分类表

成本要素	固定成本	可变成本	半可变成本
服装面料			
服装衬里			
黏衬机操作员的工资			
电费			
债券利息			
裤子拉链			
货车司机的工资			
缝纫工人工资			
工厂管理者薪酬			
缝纫线			
建筑物保险费			
石洗费用			
销售员的工资			
包装工人工资			
厚夹克的填充料			
接待员的工资			
营业税			
机器折旧			
工厂机械维修			
清洁工人的工资			

习题

习题 1

固定成本、可变成本、半可变成本

从下方的成本清单中，指出对于服装制造商而言，哪些可能是固定成本、可变成本或半可变成本。

成本要素	固定成本	可变成本	半可变成本
缝纫线			
建筑保险费			
供暖、照明、电费			
衬布			
衬衫纽扣			
厂长工资			
黏衬机操作员的工资			
营业税			
办公用品费用			
电话费用			
裁剪车间工资			
接待员的工资			
熨烫车间工资			
裤子拉链			
盒装衬衫的盒子			
运输车辆费用			
食堂员工工资			
银行贷款利息			
银行手续费			
服装面料			

习题 2

Fallowfield Fashions 公司

根据 Fallowfield Fashions 公司提供的以下数据，准备一份边际成本表，清楚地显示每种产品的贡献，该期间的固定间接费用估计为 14 万英镑。

单位：千英镑（£'000）

成本要素	长袖衬衫	短袖衬衫	女式衬衫款式 A	女式衬衫款式 B
直接材料成本（可变）	90	72	60	60
直接人工成本（可变）	50	40	30	40
可变间接成本	5	3	2	3
销售额	200	160	90	150

Fallowfield Fashions 公司的管理层曾考虑放弃女士衬衫款式 A 系列产品。请评估一下，如果该公司管理层执行了这项行动，会对企业产生什么影响。

习题 3

Melton Fashions 公司

Melton Fashions 公司生产女士连衣裙，并在接下来的 4 个星期内生产 3 种款式，以下数据显示了该期间的成本和收到的订单。该期间的固定成本估计为 2 万英镑。

成本要素	款式 A	款式 B	款式 C
直接材料成本（英镑）	16800	13000	11680
直接人工成本（英镑）	7700	7000	7840
可变间接成本（英镑）	2100	2400	2080
成衣销售订单（件）	700	1000	800
售价（英镑）	50	32	34

公司收到了关于进一步订购 500 件 C 款连衣裙的询价，但客户希望将售价降至 31 英镑。

请为该期间公司确认的业务准备一份边际成本表。

假设企业有能力满足此订单，准备一份修订后的边际成本报表，以包括降价后的新订单。

你认为公司是否应该接受新业务以及原因是什么。

拓展阅读

Bhimani, A. (2015) *Management and Cost Accounting*, (6th ed.), Harlow: Financial Times Prentice Hall.

Boyd, K. (2013) *Cost Accounting for Dummies*, Hoboken, NJ: Wiley.

Drury, C. (2018) *Management and Cost Accounting* (10th ed.), Australia: Cengage.

第 10 章　盈亏平衡分析

引言

本章重点介绍盈亏平衡分析，并使用与前一章边际成本核算相同的成本分类方法。这是对边际成本核算的延伸，以及对固定成本和可变成本概念的应用。盈亏平衡分析的目的是确定企业达到盈亏平衡点的时间点，盈亏平衡点表示了企业既不会盈利也不会亏损的状态，即收入正好覆盖成本。

从短期来看，其有用的价值在于让管理层了解他们需要达到什么样的业务水平才能至少弥补成本。超过盈亏平衡点，企业将开始盈利。因此，企业越早通过盈亏平衡点，就越早开始盈利。

建立盈亏平衡点

企业可以通过多种方式建立盈亏平衡点，例如：

1. 将企业的产出、成本和收入制成表格，并查看盈亏平衡点落在表中的位置。
2. 构建盈亏平衡图或盈亏平衡表，以图形方式确定盈亏平衡点所在的位置或其变化，如利润图表。
3. 通过计算获得盈亏平衡点。

盈亏平衡表

盈亏平衡表基本上将不同产出水平的固定成本和可变成本与这些产出水平产生的

收入相匹配。

示例

Morning Breaks 有限公司已收到一份订购 5000 件连衣裙的订单，客户准备为每件连衣裙支付 15 英镑，订单总额达到 75000 英镑。

本期固定成本如下：

	£
租金	9000
营业税	1200
贷款利息	250
保险	300
其他固定成本	1250
总计	12000

这些连衣裙每件的可变成本如下：

	£
直接材料成本	6.00
直接人工成本	3.00
电费	2.00
其他可变成本	1.00
合计	12.00

Morning Breaks 有限公司的数据在表 10-1 中进行分析，显示了不同产出水平下的成本数据的变化情况，即从生产的 0 件衣服开始，每次增加 1000 件直到生产 5000 件衣服时的成本数据。

固定成本在整个期间不受产出水平的影响，因此，无论产出水平如何，固定成本那一列的数据都是相同的（12000 英镑）。可变成本随产量的增加而增加，因此它的计算方式是产量乘以每件衣服的可变成本。销售额随着产量的增加而增加，因此它的计算方式是产量乘以每件衣服的售价。

表 10-1　Morning Breaks 有限公司的成本数据

单位：英镑（£）

服装数量（件）	固定成本（英镑）	可变成本（每件）（英镑）	总成本（固定成本＋可变成本）（英镑）	销售额（英镑）	利润／亏损（英镑）
0	12000	0	12000	0	−12000
1000	12000	12000	24000	15000	−9000
2000	12000	24000	36000	30000	−6000
3000	12000	36000	48000	45000	−3000
4000	12000	48000	*60000	*60000	盈亏平衡点
5000	12000	60000	72000	75000	3000

* 为达到盈亏平衡点时的总成本与销售额。

从表 10-1 中可以看出，生产 4000 件连衣裙时，总成本（60000 英镑）和销售额（60000 英镑）相同，即此时收入覆盖了成本，因此这是盈亏平衡点。超过这一点，企业开始盈利，可以看出，在完成 5000 件连衣裙的订单后，企业获得了 3000 英镑的适度利润。

虽然表格并不总是能准确显示出盈亏平衡点的位置，但是它会给出一个接近的指示。

图 10-1 为可变成本的理论形态，图中显示了一个平缓的上升曲线，它可能会在产出的极限处下降。

盈亏平衡图

盈亏平衡图是一种实现盈亏平衡点的图形化方法，它基于固定成本和可变成本的行为。

理论上，如果将可变成本绘制在图表上，将得到如图 10-1 所示的曲线，而绘制

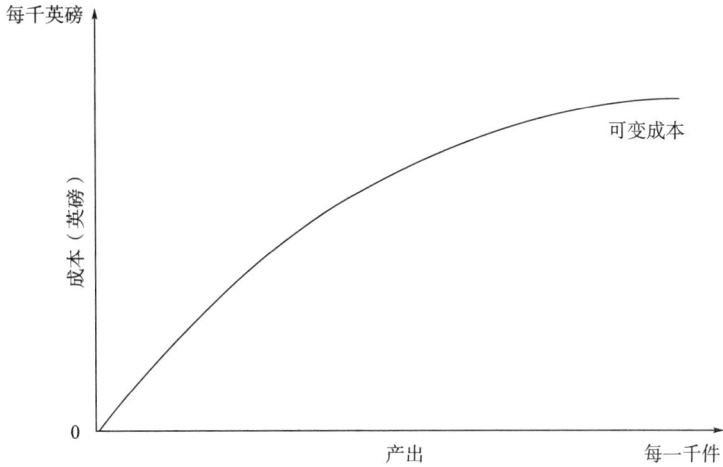

图 10-1　可变成本的理论形态

固定成本则得到一条如图 10-2 所示的直线。会计人员有一个模型，可以将可变成本绘制为上升线，见图 10-3。

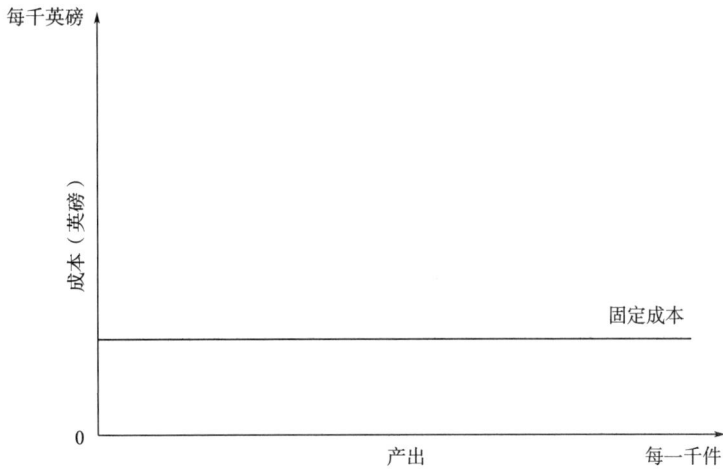

图 10-2　固定成本的理论形态

　　根据成本模型，一条横向直线表示零产量时的固定成本与几千件服装时的固定成本相同，一条斜线表示随产量增加而增加的可变成本。因此，Morning Breaks 有限公司的盈亏平衡图见图 10-4。

　　从图 10-4 中可以看出，Morning Breaks 有限公司的盈亏平衡点处于生产 4000 件服装或销售收入 60000 英镑的位置。

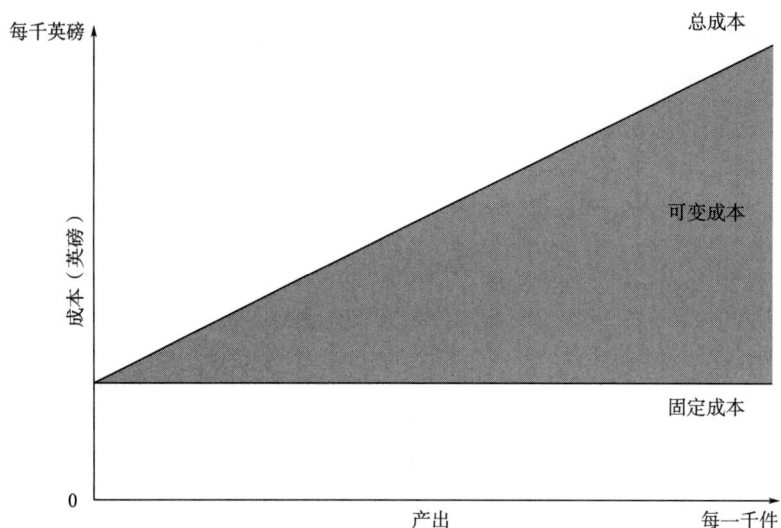

图 10-3　总成本的组成部分

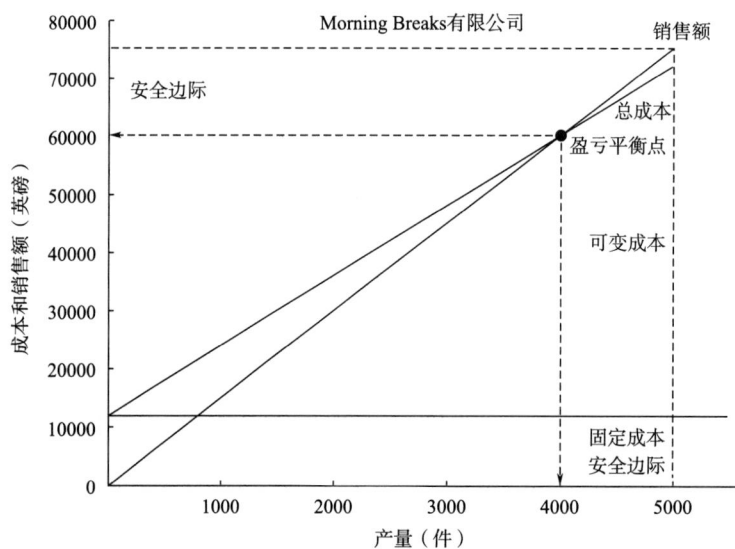

图 10-4　Morning Breaks 有限公司的盈亏平衡图

安全边际

图 10-4 的盈亏平衡图还显示了企业的安全边际，安全边际是指盈亏平衡点与目标活动水平之间的差异。在这种情况下，安全边际是生产 1000 件服装（5000-4000）

或 15000 英镑的销售额。安全边际越大越好，因为这表明企业在达成销售目标之前就获得了更长的盈利期，能够确保企业在经济衰退时期更好地生存。因此，快速达到盈亏平衡点的企业将会拥有较长的安全边际，即使在后面更困难的时期也可以保持盈利。然而，目前英国的服装制造业，安全边际通常较短，因此这些企业在更困难的时期很容易遇到麻烦。

安全边际的计算公式如下：

$$\text{安全边际} = \frac{\text{利润} \times \text{销售额}}{\text{贡献}}$$

以 Morning Breaks 有限公司为例，利润为 3000 英镑，贡献为 15000 英镑，销售额为 75000 英镑，故其安全边际的计算如下：

$$\text{安全边际} = \frac{3000 \times 75000}{15000} = 15000 \ （英镑）$$

利润图表

盈亏平衡图的一个变体是利润图表，它绘制了利润与产出的关系，并显示了与产出活动相关的盈亏平衡点（图 10-5）。在讨论盈亏平衡情况时，盈亏平衡图和利润图表很适合用于向管理层展示说明。

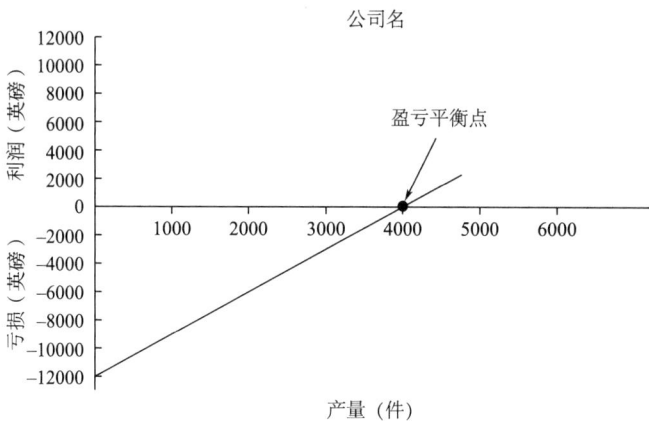

图 10-5 利润图表

盈亏平衡点计算

盈亏平衡点也可以通过计算得出，并且不用提供任何额外的信息，与制表和盈亏平衡图一样，只要有相关的信息就够了。

盈亏平衡点的计算公式如下：

$$盈亏平衡点 = \frac{固定成本}{贡献 \div 销售}$$

在本书第 11 章的讲解中将会知道贡献是销售额减去可变成本，该公式适用于任何销售额或可变成本，但为了方便，一般使用一件服装的销售数值和可变成本的数值来计算（即每件服装的售价和每件服装的可变成本）。

在 Morning Breaks 有限公司的示例中，固定成本为 12000 英镑，每件连衣裙的售价为 15 英镑，每件连衣裙的可变成本为 12 英镑，其盈亏平衡点的计算公式如下：

$$盈亏平衡点 = \frac{12000}{15-12} = 4000（件）$$

也就是说产出达到 4000 件时，企业可以达到盈亏平衡点。

如果想要计算产出的盈亏平衡点，那么除以售价即可，计算公式如下：

$$产出的盈亏平衡点 = \frac{盈亏平衡点的销售额}{单价}$$

代入 Morning Breaks 有限公司示例中的数据，也可计算出盈亏平衡点，计算公式如下：

$$盈亏平衡点 = \frac{60000}{15} = 4000（件）$$

盈亏平衡图解

Isolo Shirt 公司每周可以生产 2 万件不同颜色和标准尺寸的男式衬衫，一年中有

48 周可以达到这种产量，相当于年产 96 万件衬衫。该公司衬衫的售价因折扣的变化而略有不同，但平均每件衬衫 3 英镑。可变成本也因颜色和尺寸而略有不同，但平均值见表 10-2。

表 10-2　Isolo Shirt 公司可变成本

单位：英镑（£）

项目	费用
直接材料成本	1.50
直接人工成本	0.40
可变间接成本	0.60
每件衬衫可变成本	2.50

工厂的固定成本预算为每年 25 万英镑，在以 48 周计的一年中，情况见表 10-3。

表 10-3　Isolo Shirt 公司一年固定成本预算

衬衫产量（件）	固定成本（英镑）	可变成本（英镑）	总成本（英镑）	销售额（英镑）	利润（亏损）（英镑）
0	250000	0	250000	0	−250000
20000	250000	50000	300000	60000	−240000
100000	250000	250000	500000	300000	−200000
200000	250000	500000	750000	600000	−150000
400000	250000	1000000	1250000	1200000	−50000
500000	250000	1250000	1500000	1500000	盈亏平衡点
750000	250000	1875000	2125000	2250000	125000
800000	250000	2000000	2250000	2400000	150000
960000	250000	2400000	2650000	2880000	230000

根据表 10-3 的数据，可以计算出该公司的安全边际，计算公式如下：

$$安全边际 = \frac{230000 \times 3.00}{0.5} = 1380000（英镑）$$

Isolo Shirt 公司的盈亏平衡图与利润图表分别如图 10-6、图 10-7 所示。

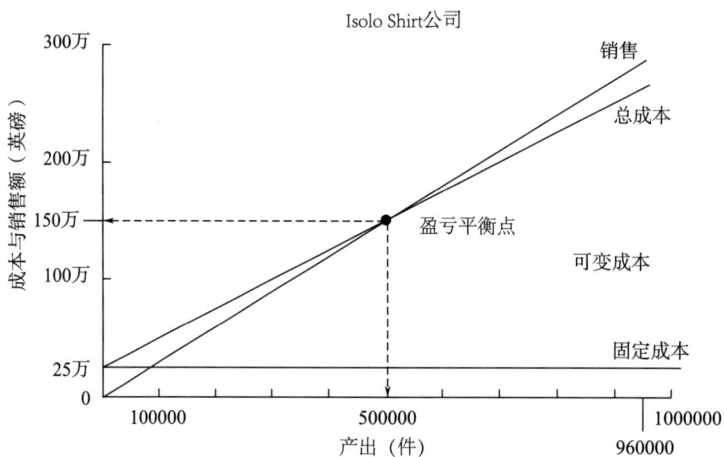

图 10-6　Isolo Shirt 公司的盈亏平衡图

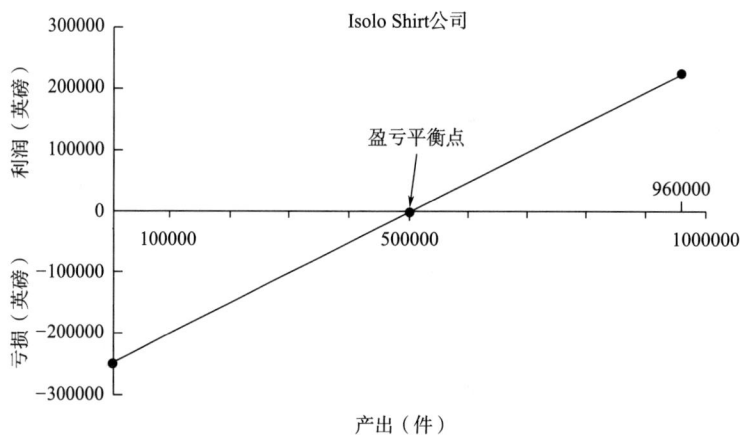

图 10-7　Isolo Shirt 公司的利润图表

习题

习题 1

Your Event 有限公司计划在生产 6000 ~ 7000 件服装的这一时期内有以下固定成本和可变成本，其每件衣服的平均售价为 56 英镑。

公司的固定成本如下：

厂房租金	18000
营业税	8800
贷款利息	4000
其他固定成本	1200
总计	32000

每件衣服的可变成本如下：

单位：英镑（£）

直接材料成本	25
直接人工成本	13
可变间接成本	10
总计	48

你需要：

- 构建一个表格，显示 0 ~ 7000 件服装以 1000 件服装为间隔的成本数据。
- 构建盈亏平衡图。
- 计算盈亏平衡点。

使用获得的数据构建利润图表。

习题 2

一家生产和销售专业骑术夹克的企业，在一个时期内产生的固定成本为 70000 英镑，每件夹克的可变成本为 24 英镑。根据客户的不同，每件夹克的售价为 30 ~ 36 英镑。

考虑到企业某个大客户仅愿意为每件夹克支付 25 英镑，而所有其他客户为每件夹克支付 32 英镑的情况，大客户占该期间销售额的 75%。

销售额必须达到什么水平，该企业才能在此期间盈亏平衡？

为该企业构建一个利润图表，显示其在该期间的盈利。

习题 3

一家靴子制造商希望在一段时间内销售 1.4 万双靴子，每双靴子的可变成本为 15 英镑，期间的固定成本为 4.7 万英镑，所需利润为 2.3 万英镑。

该制造商应该将售价定在什么价位?

若以这个售价卖出，该制造商会在什么时候实现盈亏平衡?

拓展阅读

Bhimani, A. (2015) *Management and Cost Accounting*, (6th ed.), Harlow: Financial Times Prentice Hall.

Boyd, K. (2013) *Cost Accounting or Dummies*, Hoboken, NJ: Wiley.

Drury, C (2018) *Management and Cost Accounting* (10th ed.) Australia: Cengage.

第 11 章　预算和标准成本法

引言

本章将介绍预算和标准成本法。这些主题彼此密切相关，因为预算编制是一个计划过程，旨在为企业制定未来一段时间的财务计划。标准成本法是一种基于使用预先准备好的预定成本的成本核算体系。

直接材料成本、直接人工成本以及固定的和可变的间接成本中可能存在标准成本，企业通常在成本核算过程中使用标准成本，并将标准成本与实际发生的成本进行比较，二者之间的差额被称为差异。将标准成本与实际成本进行比较的过程被称为差异分析，在采用标准成本法的企业中，它构成了企业成本管理的重要组成部分。

预算

预算是指针对企业未来一段时间的财务计划，预算编制是实现该计划的过程。请注意，预算是一个计划，不仅仅是一个估计或预测，而是一个行动计划。它用财务术语进行表示，将销售和生产的目标转化为货币。它是针对企业未来一段时间的，通常是下一年度，但企业在资本支出方面可能会有更长期的计划。

所有企业都应编制预算并制定企业发展规划。小企业通常没有较好的计划，往往在申请银行贷款时，才被迫制定了很少使用的计划。较大的企业更善于规划和预算编制，而进入大型企业工作的学生肯定必须按照该企业的预算要求工作。

预算需要在企业的不同业务部门之间进行整合，单独的部门不能独立地编制预算。因此，销售预算需要与生产预算相匹配，这是确定所需直接材料数量和直接劳动预算成本的关键。

对企业的整体运营至关重要的是现金预算，即企业的现金流计划，其本质显示了逐月进入业务的预算现金和逐月计划支出。因此，企业可以看到每次项目结束时的现金余额，并且可以预算对额外资金或透支设施的需求。

现金预算

现金预算通常按月进行，见表 11–1，该表汇总了预算收入和预算付款。在每个月末计算余额（用正数或负数表示），并将其结转到下个月。

净现金是预算收入和预算付款之间的差额，这意味着企业可以凭此逐月查看企业收入是否涵盖预算付款。

现金预算示例

Osborne Trading 有限公司在接下来的 6 个月内有以下预算收支，详细数据见表 11–1 ~ 表 11–3。1 月初，该公司在银行存有 960 英镑的现金。表中数据已被简化，以说明这一原则。

Osborne Trading 有限公司

这里的预算收入不是总计，因为每个月的预算销售收入只有一个数据。将预算收入合计并扣除预算支出就是净现金数。如果预算支出大于预算收入，结果将是一个负数。

公司 1 月的净现金数计算如下：

$$1800-2350=-550（英镑）$$

然后将上个月的现金余额（结转余额）添加到净现金中，得出当月的期末余额。

公司 1 月的结转余额计算如下：

$$-550+960=410（英镑）$$

月底结转的余额会转入下个月。

表 11-1 Osborne Trading 有限公司现金预算表（一）

成本要素	4月	5月	6月	7月	8月	9月
预算收入						
销售额（收款）						
贷款						
总预算收入						
预算付款						
付款						
工资和薪金						
营业税						
水电费						
资本支出（基建费）						
还贷						
税务						
总预算付款						
净现金						
上月余额						
结转余额						

表 11-2 Osborne Trading 有限公司预算收支表

单位：英镑（£）

成本要素	1月	2月	3月	4月	5月	6月
客户收入	1800	1800	2500	3600	3800	4200
付款	600	1000	1000	1400	1200	1200
租金和税	1200	1200	1200	1600	1200	1200
税务	1800	1800	2500	3600	3800	4200
工资	600	1000	1000	1400	1200	1200
电费	1200	1200	1200	1600	1200	1200
保险	500	500	500	500	500	500

成本要素	1月	2月	3月	4月	5月	6月
杂支			300			
电费			300			280
保险				200		
杂支	50	50	50	50	50	50

表 11-3　Osborne Trading 有限公司现金预算表（二）

单位：英镑（£）

成本要素	1月	2月	3月	4月	5月	6月
预算收入						
销售额	1800	1800	2500	3600	3800	4200
预算付款						
付款	600	1000	1000	1400	1200	1200
租金和税	1200	1200	1600	1200	1200	1200
工资	500	500	500	500	500	500
电费		300			280	
保险			200			
杂支	50	50	50	50	50	50
总预算付款	2350	2750	3050	3750	2950	3230
净现金	−550	−950	−550	−150	850	970
上月余额	960	410	−540	−1090	−1240	−390
结转余额	410	−540	−1090	−1240	−390	580

销售滞后

　　当企业编制好销售预算后，由此产生的预算收入不能直接存入现金预算中。现金预算是一个收支计划，一个月内完成的销售不太可能使企业在该月就能得到收入。大多数企业从销售开始就靠贸易信贷运作，因此可能在一个月、两个月甚至三个月后都不会得到收入，这一现象被称为销售滞后。企业需要将销售预算转换为显示何时得到收入的计划，最简单的方法是使用销售滞后分析。

示例

表 11-4 的左侧一列显示了下一个时期的销售预算。在表格从左到右的分析列中，假设遵循正常的贸易信贷规则，它显示了企业何时收到预算销售额。在这种情况下，企业的运营需要有两个月的贸易信贷。

表 11-4 底线上的数据将作为预算收入进入现金预算。

表 11-4　销售滞后分析

单位：英镑（£）

销售预算	1月	2月	3月	4月	5月	6月	7月	8月
1 月 4500			4500					
2 月 5000				5000				
3 月 5200					5200			
4 月 5600						5600		
5 月 5800							5800	
6 月 6800								6800
7 月 6800								
预算收入			4500	5000	5200	5600	5800	6800

弹性预算

弹性预算是一种预算编制系统，可用于制造业，根据不同水平的产出活动编制一系列预算。它使用本书第 9 章中讲解的固定成本和可变成本，并体现出一些成本在一段时间内会保持不变，而另一些成本随着产出的增加而增加。弹性预算使管理层能够看到超出或低于产出目标以及相关成本的影响。

示例

某服装制造商的预算成本如下：

直接材料成本：每件衣服 3.00 英镑（可变）。

直接人工成本：每件衣服 1.20 英镑（可变）。

期间固定成本：2 万英镑（固定）。

该制造商在此期间的生产目标是 2.5 万件成衣。

对于可变成本的数据，用单位预算成本乘以产出水平即直接材料成本进行计算，如 3.00×25000，以此类推。固定成本在此期间保持不变，不受产出水平的影响。检查不同产出水平的成本的过程也就是我们所说的弹性预算，具体见表 11-5。

在这种类型的预算活动中，经常会出现半可变成本的问题，这是一种包含固定和可变两类要素的成本。在这种情况下，管理层必须决定如何分解这些成本的要素。

表 11-5　弹性预算

单位：英镑（£）

项目	产出 2.3 万件	产出 2.4 万件	目标产出 2.5 万件	产出 2.6 万件
直接材料成本	69000	72000	75000	78000
直接人工成本	27600	28800	30000	31200
固定成本	20000	20000	20000	20000
总预算	116600	120800	125000	129200
预算单位成本	5.07	5.03	5.00	4.97

示例

在企业中，管理员的工资可能被视为半可变成本，在此期间其固定成本为 15000 英镑，每单位产出为 0.25 英镑。因此，与上述类似的弹性预算中的成本见表 11-6。

表 11-6　管理员工资的弹性预算

单位：英镑（£）

产出件数	2.3 万件	2.4 万件	2.5 万件	2.6 万件
管理员工资	20750	21000	21250	21500

零基预算法

传统的预算编制方式是增量式的，即以现有预算为基础并准备来年进行调整。这将考虑到通货膨胀（或通货紧缩）、新活动、活动减少等情况，但基本上是现有预算的修订版。

这种方法虽然仍被广泛采用，但其缺点是企业没有真正审视其活动，并倾向于延续其一直使用的预算分类。随着商业模式的变化，这种方法可能变得不适合，并使预算不再是战略计划。

零基预算法已经存在了一段时间，并逐渐得到认可。基本上在零基预算法中，每个预算类别的支出水平都为零，直到负责的预算持有人提出预算理由并证明产生成本的活动是合理的。因此，在零基预算法中，企业每年在创建预算时都会重新评估活动，从而提供一种积极的预算方法。

理论上，零基预算法应该会拥有更好的资源配置，并且应该将注意力集中在资金的价值上。在实践中，这可能很耗时，并且可能需要更好的培训才能操作此系统。作为一个系统，零基预算法在美国被广泛使用，并被英国和欧洲的许多企业、公共机构和非营利组织使用。

标准成本法

标准成本是制造产品所需活动的预定成本。在服装生产中，特定服装中的直接材料可能存在标准成本，直接人工成本和间接成本也可能存在标准成本。

在制定标准成本时，企业要考虑到材料、劳动力等当前成本，还要考虑到经济环境变化的影响并合理估计，如通货膨胀（或通货紧缩）、给员工的支付奖励等，并努力实现可实现的成本。因此，当将标准成本与实际成本进行比较时，任何差异都有相应的原因，可能是通过工作实践产生的，如果有超过几个百分点的差异可能需要调查分析。一些教科书中指出，标准成本法会在管理会计的经理和生产经理之间产生协同作用，为了实现现实的标准成本，他们必须合作。当然，标准成本法确实需要企业的不同部门相互合作才能实现。企业的标准成本还必须定期审查，至少每年审查一次。

标准成本法往往适用于规模较大的制造企业，这些企业生产统一的产品，涉及类似数量的直接材料和统一工艺的直接劳动力，采用统一的流程，比如衬衫工厂或睡衣工厂，可以作为服装制造行业采用标准成本法的案例，但该方法不适用于款式变化快、款式差异大的男式西装工厂。

差异分析

差异分析是指将标准成本与实际发生的成本进行比较，比较过程中出现的任何不同都被称为差异。显然，如果实际成本低于标准成本则对企业有利，高于标准成本则对企业不利。

高于标准成本

当企业产生的实际成本高于标准成本时，这些差异被称为不利差异，这意味着企业正在偏离其目标。

低于标准成本

当企业产生的实际成本低于标准成本时，这些差异被称为有利差异，这意味着企业已经实现了其设定的目标。

这些差异对管理层控制成本的有效性取决于设定的现实的、可实现的标准。因此，差异分析只对好的标准有用，而对较差或松散的标准产生的差异无效。

无论是不利的还是有利的差异都应及时向管理层报告，管理层可能需要对不利的差异采取措施，纠正出现的问题，并引导企业回到其计划成本。如果节省了费用的差异，管理层应该尝试改进其做法，看看是否可以在更广泛的层面进行推广使用。然而，在一个业务领域的有利差异可能会在另一个领域引发不利的差异。管理层要仔细审查所有不利的或有利的差异，以便更好地控制企业成本。

示例

工厂的面料采购员从供应商处购买了一定数量的面料，并且因为数量较多获得了更便宜的价格。因此，从价格方面看，这种便宜的差异是有利的。

然而，生产经理发现他在生产中需要使用比平常更多的面料，因为这种廉价购买的面料存在更多的缺陷，导致面料使用量的超支。因此，从面料使用量方面看，这种超量的差异是不利的。

管理层必须决定哪些差异（不利的和有利的）是显著的，因为在这种成本核算体系中，几乎总是会有一些差异的。图11-1展示了一个可能被管理层采用的系统，要注意这里显示的百分比只是一个参考，不同的企业可能对此有不同的看法。

从图11-1可以看出，差异在 -5% ~ 5% 是不采取任何行动的。然而，高于或低于此范围，就属于显著差异，企业必须采取相应行动。不同的企业会有不同的容忍范围，这里显示的百分比数值只是为了说明一个范围原则。

高于10%——需要紧急处理
_____

5% ~ 10%——需要调查——成本核算应该比这更好
_____

0% ~ 5%——无须采取任何措施
0%_____
0% ~ –5%——无须采取任何措施
_____

–5% ~ –10%——需要调查——成本核算应该比这更好
_____

低于–10%——需要紧急处理

图11-1　可能被管理层采用的系统

直接材料成本

对于成本要素存在的差异，可将其拆分为各自的价格差异和用量差异。对于与服装相关的直接材料，其标准成本与实际成本之间会存在差异，然后可以进一步分析，看看哪些差异与材料的价格有关，哪些差异与材料的用量有关。

示例一
工作编号：AB123（表11-7、表11-8）
直接材料成本：

标准成本：120米面料，每米3.50英镑。
实际成本：125米面料，每米3.45英镑。

表 11-7　直接材料成本差异要素分析

单位：英镑（£）

项目	计算过程	数值
标准成本	120×3.50	420.00
实际成本	125×3.45	431.25
差异	420−431.25	−11.25（不利差异）

从这个示例中可以看出，11.25 英镑的不利差异是由以下两个因素引起的：

1. 为面料支付的价格更低（3.50 英镑与 3.50 英镑相比）。
2. 面料的使用量更高（120 米与 125 米相比）。

材料价格差异：

材料价格差异的计算公式如下：

$$实际用量 \times （标准价格 - 实际价格）= 材料价格差异$$

因此，代入示例中的数据，其材料价格差异计算如下：

$$125 \times （3.50 - 3.45）= 6.25（英镑）$$

由结果可知，比预期支付的材料费少 6.25 英镑，故为有利差异。

材料用量差异：

材料用量差异的计算公式如下：

$$标准价格 \times （标准用量 - 实际用量）= 材料用量差异$$

因此，代入示例中的数据，其材料用量差异计算如下：

$$3.50 \times （120 - 125）= -17.50（英镑）$$

由结果可知，比预期的材料用量多 17.50 英镑，故为不利差异。

表 11-8 材料价格差异与用量差异（AB123）

单位：英镑（£）

项目	数值
材料价格差异	6.25（有利差异）
材料用量差异	−17.5（不利差异）
净差异	−11.25（不利差异）

在这个示例中，11.25 英镑的净差异损失仅占标准成本的 4%（11.25 ÷ 420 × 100%），因此可能并不被管理层重视。

示例二

工作编号：AB124（表 11-9）

直接材料成本：

标准成本：120 米面料，每米 3.50 英镑。
实际成本：125 米面料，每米 3.60 英镑。

表 11-9 材料价格差异与用量差异（AB124）

单位：英镑（£）

项目	计算过程	数值
材料价格差异	125 × （3.50−3.60）	−12.50（不利差异）
材料用量差异	3.50 × （120−125）	−17.50（不利差异）
净差异	420（标准）−450（实际）	−30.00（不利差异）

在第二个示例中，可以从表格数据看出材料价格和用量差异都是不利的，这表明企业为面料支付了更多的费用，并且使用了更多的面料。同时，在这个示例中，差异更为显著，为 7.14%（30.00 ÷ 420 × 100%），因此企业有必要调查原因。

直接材料成本差异的原因

如果直接材料的实际价格低于设定的标准价格，则差异被认为是有利的。

材料价格差异——有利

1. 获得的批量购买折扣或现金折扣，但企业在制定标准时未将其考虑在内。
2. 有利的汇率在海外采购可以节省原来的标准价格。
3. 材料过剩导致价格下跌。
4. 纺织业受到经济衰退的打击，降低了价格。
5. 购买的材料更便宜或不合标准。

如果直接材料的实际价格高于设定的标准价格，则差异被认为是不利的。

材料价格差异——不利

1. 通货膨胀抬高了价格，但企业在制定标准时没有考虑到这一点。
2. 不利的汇率导致材料的实际成本增加。
3. 由于材料短缺，价格上涨。
4. 购买的材料更加昂贵，因为购买的规格高于要求的规格。

如果直接材料的实际用量低于设定的标准用量，则差异被认为是有利的。

材料用量差异——有利

1. 有效的排料和铺设规划可以更好地利用材料。
2. 工厂的废料比预期的少。
3. 购买规格稍高的材料可以减少浪费。

如果直接材料的实际用量高于设定的标准用量，则差异被认为是不利的。

材料使用差异——不利

1. 排料布局规划不完善，材料利用率不高。
2. 裁剪不良。
3. 工厂的废料比预期的多。
4. 廉价或不合格的材料难以在工厂使用。

直接人工成本

与直接材料成本差异类似，也可以计算直接人工成本差异，净差异可以分为两个子差异，一个与工资率有关，另一个与使用的直接人工量有关。与工资率相关的差异被称为工资率差异，与直接人工量相关的差异被称为劳动效率差异。

示例一

工作编号：AB123（表 11-10、表 11-11）

直接人工成本：

标准成本：50 小时，每小时 6.20 英镑。

实际成本：52 小时，每小时 6.40 英镑。

表 11-10　直接人工成本差异要素分析（AB123）

单位：英镑（£）

项目	计算过程	数值
标准成本	50 × 6.20	310.00
实际成本	52 × 6.40	332.80
差异	310.00−332.80	−22.80（不利差异）

从表中可以看出，总体差异是不利的，即实际成本高于标准成本，这是由于每小时工资率较高和所需工时数较高造成的。这可以分解为各自的工资率和劳动效率差异。

工资率差异

工资率差异的计算公式如下：

$$实际工时数 \times（标准工资率 - 实际工资率）= 工资率差异$$

因此，代入示例一中的数据，其工资率差异计算如下：

$$52 \times（6.20-6.40）=-10.40（英镑）$$

由结果可知，其差异是不利的。

劳动效率差异

劳动效率差异的计算公式如下：

标准工资率 ×（标准工时数 − 实际工时数）= 劳动效率差异

因此，代入示例一中的数据，其劳动效率差异计算如下：

$$6.20 \times （50-52.40）=-12.40（英镑）$$

由结果可知，其差异是不利的。

表 11-11　人工工资率差异与劳动效率差异

单位：英镑（£）

项目	数值
工资率差异	−10.40（不利差异）
劳动效率差异	−12.40（不利差异）
净差异	−22.80（不利差异）

总的来说，这代表了 7.35% 的不利差异（22.80÷310.00×100%），因此影响显著，值得企业进一步调查。

对直接人工成本进行分析时需要考虑到的另一个因素是偶尔会出现的空闲时间，该空闲时间不是指工人有意的休息时间，而是由于某些因素导致工人无法继续工作造成的生产停顿时间，如停电、机器故障、材料没有到达等。在这种情况下，空闲时间将成为实际工作时间的一部分，但需要对它们进行单独计算并分析，以便管理层可以看到其造成生产损失的成本。对企业来说，空闲时间总是不利的，它们浪费了工作时间。

空闲时间差异

空闲时间差异的计算公式如下：

标准工资率 × 空闲时数 = 空闲时间差异（总是不利的）

示例二

工作编号：AB124（表 11-12、表 11-13）

直接人工成本：

标准成本：50 小时，每小时 6.20 英镑。

实际成本：55 小时，每小时 6.40 英镑。

但是，实际工时数中包括 3 小时的空闲时间（即无法进行生产的小时数）。

表 11-12　直接人工成本差异要素分析（AB124）

单位：英镑（£）

项目	计算过程	数值
标准成本	50×6.20	310.00
实际成本	55×6.40	352.00
差异	310.00-352.00	-42.00（不利差异）

工资率差异

工资率差异的计算公式如下：

$$实际工时数 \times （标准工资率 - 实际工资率） = 工资率差异$$

因此，代入示例二中的数据，其工资率差异计算如下：

$$55 \times （6.20 - 6.40） = -11.00 （英镑）$$

由结果可知，其差异是不利的。

劳动效率差异

劳动效率差异的计算公式如下：

$$标准工资率 \times （标准工时数 - 实际工时数） = 劳动效率差异$$

因此，代入示例二中的数据，其劳动效率差异计算如下：

$$6.20 \times （50 - 52） = -12.40 （英镑）$$

由结果可知，其差异是不利的。

空闲时间差异

空闲时间差异的计算公式如下：

$$标准工资率 \times 空闲时数 = 空闲时间差异（总是不利的）$$

因此，代入示例二中的数据，其空闲时间差异计算如下：

$$6.20 \times 3 = 18.60（英镑），不利$$

注：如果计算中包含空闲时间，那么在计算劳动效率时，空闲时间不包含在实际工时中，仅包括生产实际工时。

在这个示例中，可以看出，所有的不利差异是由工资率的增加、超出预期的生产时间和三小时空闲时间的损失组成的。这将达到13.5%（$42 \div 310 \times 100\%$）的显著差异，管理层肯定需要对此进行调查。

造成这些差异的因素也可能会相互影响，如工人被迫空闲了3小时后，也许很难恢复全部速生产速度，从而进一步延长了工作时间。

表11-13　空闲时间差异

单位：英镑（£）

项目	数值
工资率差异	-11.00（不利差异）
劳动效率差异	-12.40（不利差异）
空闲时间差异	-18.60（不利差异）
净差异	-42.00（不利差异）

直接人工成本差异的原因

当支付的工资率低于设定的标准工资率时，工资率差异被认为是有利的。

工资率差异——有利

1. 企业制定标准时，工资涨幅没有预期的那么高。
2. 员工按预期完成了工作，没有加班。
3. 企业以较低的工资率雇用较少的熟练劳动力。

当支付的工资率高于设定的标准工资率时，工资率差异被认为是不利的。

工资率差异——不利

1. 企业制定标准时，工资涨幅高于预期。
2. 员工没有按预期完成任务，需要加班进行额外工作。
3. 企业使用更多的高技能劳动力，因此工资率更高。
4. 企业在低于标准时间内完成工作而支付的生产力奖金，也反映在劳动效率的节省上。

如果工作时间少于设定的标准工作时间，则认为劳动效率差异是有利的。

劳动效率差异——有利

1. 生产力奖金减少了花费的时间。
2. 高技能劳动力在更短的时间内完成了这项工作。

如果工作时间少于设定的标准工作时间，则认为劳动效率差异是有利的。

劳动效率差异——不利

1. 企业使用较低技能水平的劳动力，花费更多时间进行生产。
2. 生病缺勤影响生产。
3. 生产中出现技术问题。
4. 劳工在一段时间内退出劳动或故意降低生产力的劳工行动。

标准成本中的间接成本

同样，我们也可以计算间接成本的差异，但这些信息通常不如直接成本差异信息对管理层控制决策的影响。在标准成本的核算中，习惯上对间接成本采用吸收成本法进行计算，类似于本书第 8 章中介绍的方法，但计算固定和可变间接成本的标准工资率除外，因为这些差异是可以根据这些标准工资率发生的实际间接成本计算的。

标准成本法的优缺点

与所有方法一样，标准成本法既有优点也有缺点，可以总结为以下内容。

优点

1. 它为管理层提供了例外管理，并给出了管理指标或调查领域以提高业绩。
2. 理论上，应该在管理会计职能的经理和生产管理团队之间产生一些协同作用。
3. 它有助于目标设定和朝着目标努力。
4. 一旦设定了标准，成本核算过程就应该更简单。

缺点

1. 它只适合生产同类产品的大型企业。
2. 随着标准的制定和修订，对其进行实施和维护可能非常耗时。
3. 管理人员可能无法完全理解差异的重要性。
4. 在企业转向利用先进制造技术的情况下，它可能无法为成本核算提供良好的基础，详情内容请参见本书第 12 章和第 13 章。

习题

请阐述你对预算和标准成本这两个专业术语的理解。

习题 1

根据以下有关 Debidall 有限公司的信息，为 4 ~ 9 月的 6 个月时间准备一份现金预算，公司 4 月初的银行余额预计为 1800 英镑。

单位：英镑（£）

成本要素	月份					
	4 月	5 月	6 月	7 月	8 月	9 月
收入	6400	5400	7400	6800	6300	6500
付款	3500	3600	2600	4200	3400	3100
工资和薪金	1900	1900	2100	1900	1900	1900
供暖、照明和电费	500	—	—	560	—	—
保险	—	—	—	180	—	—
杂支	140	140	140	140	140	140

习题 2

Flare Fashions 有限公司提取了以下预算信息。

单位：英镑（£）

月份	预算销售额	预算工资和薪水	预算购买（库存）	预算间接成本
10 月	1200	60	335	560
11 月	1100	60	405	500
12 月	1000	60	365	640
1 月	1400	60	335	560
2 月	1200	60	370	500
3 月	1100	60	360	560

- 销售方式为现金、支票、借记卡或信用卡。现金、支票和借记卡销售没有销售滞后，但信用卡销售有一个月的销售滞后，信用卡公司保留销售额的 8%。该公司预计，其销售额的一半将来自使用信用卡的客户。
- 员工的工资和薪金在发生的月份内支付。
- 购买的货品费用在购买后的一个月内支付。
- 在间接成本中，预算间接成本的 35% 代表可变成本，这些成本在债务产生后一个月内支付。剩下的 65% 是固定成本，其中 164000 英镑是折旧，固定成本的另一部分在产生的该月内支付。
- 75 万英镑的公司税应在 1 月份缴纳，50 万英镑的股息应在 3 月份支付。
- 100 万英镑和 70 万英镑的资本支出承诺分别于 1 月和 3 月到期。
- 截至 12 月 31 日，公司的银行余额预计为 145 万英镑。

根据以上信息，你需要：

1. 在数据允许的范围内进行销售滞后分析。
2. 以净现金的形式为 1 月、2 月和 3 月准备一份现金预算。

习题 3

根据以下数据计算直接材料成本差异和直接人工成本差异。

直接材料成本：

每件衣服的标准价格：3.25 英镑

每件衣服的实际价格：3.30 英镑

标准用量：450 米

实际用量：420 米

直接人工成本：

标准工资：每小时 6.20 英镑

实际工资：每小时 6.25 英镑

标准工时：75 小时

实际工时：76 小时

习题 4

Collars 有限公司生产一系列各式颜色以及设计相当标准的男式衬衫。请根据以下数据信息，计算编号为 DE2367 工作的直接材料成本差异和直接人工成本差异。

工作编号：DE2367

直接材料成本：

每件衣服的标准价格：1.25 英镑

标准用量：980 米

每件衣服的实际价格：1.30 英镑

实际用量：1000 米

直接人工成本：

标准工资：每小时 6.30 英镑

标准工时：3000 小时

实际工资：每小时 6.20 英镑

实际工时：3010 小时（包括 3 小时的空闲时间）

习题 5

Relax and Go 公司

艾伦·路易斯（Alan Lewis）正计划辞去工作，在当地购物中心的一家小型零售单位创办一家小型零售企业，销售运动休闲装，并将该企业命名为"放松身心（Relax and Go）"。该企业位于奥尔德姆的 Spindles 购物中心，每月租金为 2000 英镑，需要提前支付，并每月缴纳 250 英镑的服务费，用于支付水费、暖气费、公共区域的清洁和安全费用，营业税是另计的（关于奥尔德姆的信息可以从奥尔德姆委员会网站获得，可以访问相关文档）。

购物中心没有类似的商店，但 J&B Sports 在奥尔德姆有一家分店，Primark 和 TK Maxx 也是如此，奥尔德姆还有 TJ Hughes 的超值零售商。

艾伦·路易斯拥有丰富的零售经验，其中大部分是在服装贸易领域，但他从未从事过个体经营，尽管他确实来自个体经营者家庭。

艾伦的家庭关系也很稳定，他和他的伴侣有一套房子，虽然他没有收入，家庭预算会受到影响，但他们也可以勉强维持一年的生活。他已经就个人财务问题与银行接洽，银行不愿给他透支超过 1500 英镑的款项，但准备向他预付 1.2 万英镑的贷款，他可在三年内按月分期付款偿还，他还打算将自己的 2000 英镑投入企业的业务中。

艾伦进行了一些调研，并相信他的商业理念有市场，他认为如果他能够从 4 月 1 日开始创业，可能会出现以下三种不同的销售模式。

模式 1 是一个简单的模式，前六个月每月销售额约为 10500 英镑。在这种情况下，他购买的库存每月需要在 6000 ~ 6500 英镑。

模式 2 是指生意开始发展并在城里出名时的情况，起步较慢。从 4 月起，每月销售额为 3500 英镑，六个月内逐渐增加到 10500 英镑。在这种情况下，购买的库存最初可能是 6000 英镑，但在 5 ~ 7 月的采购量会有所减少，8 月和 9 月的采购量将在 6000 ~ 6500 英镑。

模式 3 是指在一开始的 4 月份销售额接近 1.2 万英镑，生意良好的情况，然后在 5 月份回落至 7000 英镑，并在六个月结束时回升至 10500 英镑。购买模式必须反映这一点，最初的采购量约为 7500 英镑，然后在 5 月下降，但逐渐增加到六个月结束时的 6000 英镑或 6500 英镑。

迄今为止，该企业未包含在案例研究中的其他预计支出如下：

单位：英镑（£）

预算开支	预算金额	应付时间
营业税	600（每半年）	4 月和 10 月
电话费	180（每季度）	6 月和 9 月
保险	160	4 月
交通费	350	4 月
交通费	100	5 ~ 9 月
办公用品	250	4 月
办公用品	50	5 ~ 9 月
银行：		
偿还贷款 *	334	每月
贷款利息	125	每月
银行手续费	85	6 月和 9 月
资本支出：		
商店装修	7000	4 月
厢式货车	6500	4 月
收银机	500	4 月

* 银行贷款基于 3 年期 12000 英镑。

要求：

根据以上信息，做出三种不同的销售和采购模式下的三种现金预算。

习题 6

Twinkle toes 公司的现金预算

珍妮特·布拉德肖（Janet Bradshaw）计划在塔德卡斯特开一家童鞋店，该计划获得了当地银行经理的支持。他建议，银行可能会贷出相当于她自己资本投入的三分之一左右的金额，再加上一笔约 2500 英镑的小额透支贷款。银行将允许她在三年内通过每月分期付款的方式偿还贷款，外加略高于8%的利息。他们建议她的其他银行手续费约为每季度100英镑。

珍妮特有1.5万英镑的自有资本，因此她的工作是在银行借给她5000英镑的基础上开展，这意味着她需要每月偿还139英镑加上约35英镑的利息，共174英镑。

珍妮特打算在圣诞节期间的11月1日开始营业，并在Muse购物区找到了一个合适的商铺，租金为每月2000英镑，11月1日~3月31日的营业额为650英镑，然后4月份为下半年支付1620英镑的费用。

她预估自己的开支如下：

水电费：每季度200英镑

兼职助理的工资：每月240英镑

11月广告费：100英镑

文具和杂物费：每月30英镑

交通费：每月50英镑

11月店铺装修费：10000英镑

11月收银机：500英镑

她预估计公司上市的前六个月的销售额为：

单位：英镑（£）

11月	12月	1月	2月	3月	4月
2000	10000	4000	4500	5000	6000

购买库存，向供应商支付的费用如下：

单位：英镑（£）

11月	12月	1月	2月	3月	4月
10000	4000	2000	2000	3000	1500

假设珍妮特在11月1日开始时的预算余额为零，请帮她以净现金的形式构建11

月至来年 4 月的六个月时间里的现金预算。

习题 7

Jean's Jeans 有限公司

以下预算成本数据与 Jean's Jeans 有限公司的 5 月的牛仔裤制造业务相关,管理层已将成本分为固定成本、可变成本和半可变成本。公司本月的目标产量是 2.5 万条牛仔裤。"x"的意思为可变成本的单价乘以产量即可得到可变成本。

单位:英镑(£)

成本要素	成本性质	目标产量为 2.5 万条的成本	每件牛仔裤的预算成本
直接材料成本	可变成本	100000	4x
直接人工成本	可变成本	40000	1.60x
间接劳动成本	半可变成本	42000	12000+1.20x
供暖、照明、电费	半可变成本	10000	3750+0.25x
固定管理费用	固定成本	9500	9500+0x

要求:

根据以上数据,为公司制作一份弹性预算,以分别显示生产 24000 条、25000 条和 26000 条牛仔裤的成本。

拓展阅读

Bhimani, A.(2015)*Management and Cost Accounting*(6th ed.), Pearson.

Boyd, K.(2013)*Cost Accounting or Dummies*, Wiley.

Drury, C.(2018)*Management and Cost Accounting*(10th ed.), Cengage Learning.

第 12 章　成本的变化性质

引言

随着企业生产和采购业务方法的不断变化，高科技制造方法（称为先进制造技术或 AMT）也逐渐被引入服装的生产过程。服装不仅可以在世界各地生产，而且服装的部件也可以在不同的地方生产，再通过不同的物流系统运往市场。企业还引入了其他系统，如精益生产制（JIT）和全面质量管理（TQM），并且不断改进生产系统和方法。

通常情况下，对高科技设备的投资意味着需要最大限度地利用此类设备。例如，对激光切割技术的投资可能意味着该工艺必须向几家缝纫厂提供裁剪服务才行，这就是制造行业的细分。在物流领域，传统的运输方式正在被新方式取代，如采用真空包装等方式压缩服装体积，这可能意味着空运会更具成本效益。

随着制造方法、产品处理和物流的不断变化，成本核算的方法也应该随之改进。

美国教授卡普兰（Kaplan）和库珀（Cooper）在 20 世纪 80 年代首次提出了制造过程的变化性质及其对成本核算的影响，并开始开发适应成本变化的核算方法。

本章介绍成本不断变化的性质，并分析了为什么传统的成本核算方法不总是适当的。

从传统制造技术到先进制造技术

在传统的制造方法中，产品都是由直接劳动力驱动生产的。直接劳动力是指能生产产品的熟练劳动力，直接人工成本是成本的重要组成部分。但随着生产工艺变得越来越机械化，机械化的成本在增加，而直接劳动力的成本在降低，不仅需要的工人更少，并且熟练工人可以被半熟练甚至非熟练工人取代。并非所有制造商或行业的自动化水平都处于同一发展阶段，有些行业比其他行业拥有更多的高科技技术。

例如，采用机器人组装的电子行业正处于技术的尖端，相对服装厂而言，需要雇用的熟练劳动力更少。而在服装厂里，受面料弹性等物理性质的影响，很多工序是机械难以运行的。

图12-1的左侧显示的是需要使用熟练直接劳动力的低技术企业，右侧是使用较少熟练直接劳动力的高科技企业，而大多数企业介于这两者之间，将采用一些高科技技术并保留一些熟练直接劳动力。目前，我们正在逐渐从左向右移动。

因此，随着制造商越来越多采用机械化生产，我们看到直接劳动力的成本在下降。曾经非常重要的熟练工人正在被更少的半熟练和非熟练操作员所取代，从而降低了直接劳动力成本。

与此同时，企业的管理费用却在增加。引进先进的技术并不便宜，而且通常需要企业通过融资借来的资金进行技术改造。这种债务是需要偿还的，还可能会产生高额的利息成本。由于先进的机器本身还需要安装调试、清洁和维护，它还会产生电力成本，而且它可能必须在一个特定的环境中运行，可能还会折旧损耗。因此，虽然直接人工成本降低了，但企业的间接成本，特别是间接生产成本可能会明显增加。

图 12-1 成本的变化性质与制造技术

间接劳动成本也可能会随着先进技术的使用而增加，因为可能减少了熟练直接劳动力，但增加使用了更多的机器管理员和维护人员。

精益生产制

企业开始使用先进制造技术的转变通常也与精益生产制系统有关。在精益生产制系统中，产品会在需要时按照正确的质量规范进行生产。该系统旨在"在需要的时候，按需要的量，生产所需的产品"，追求零库存或库存达到最小。这显然需要对供应商有一定的信心，才能用质量合适的材料按时交货。同时，该系统不仅减少了库存和用于库存的资金，还节省了空间，不再需要大的库存区域或者可以重新利用库存空间。

这些系统也经常与全面质量管理联系在一起，目标是消除不合格品，消除可能引起不合格产品的因素，并设法解决问题。减少（也许是消除）不合格产品这一做法本身就可以显著节省成本，并且意味着质量标准贯穿于整个制造过程中。

部件制造和组装

多年来，部件制造和组装一直是一些行业的特色，如汽车行业可能是 20 世纪五六十年代第一个采用零部件制造的行业。其他行业，特别是电子行业，也采用了零部件制造和组装。

本质上而言，这是指一种产品的部件在不同的地方制造，然后送到一个工厂进行组装的方式。如汽车行业，汽车的底盘在一个地方制造，车身外壳在另一个地方制造，发动机缸体又在其他地方制造等。最后再将所有的部件都集中在一个地方，组装成一辆汽车。

虽然这种做法在仍然需要大量直接劳动力的服装制造行业中并不普遍，但部分企业已经开始在一定程度上实践引进先进技术。如某家内衣制造商，其使用的昂贵的缎子和丝绸面料需要仔细叠放和裁剪，因此该制造商投资了一台计算机驱动的激光裁剪机，以提高裁剪精度。

这台先进的设备还可以为几家服装厂提供裁剪服务，他们可以在一个地方接单和测试面料，然后用机器将面料按要求裁剪成裁片，再将裁好的裁片装箱后运到服装厂进行缝制，最终制成服装。这些服装厂可能还建在海外，可以利用成本较低的劳动力来生产。

采用先进技术后的成本变化总结

● 直接人工成本降低。

● 间接生产成本增加，如电费、维护费用、折旧、环境成本、间接劳动成本等。

● 期间费用增加，如融资产生的利息等。

● 库存减少。

与增加的间接成本相比，曾经占主导地位的直接人工成本变得不那么重要了，图 12-2 说明了这一点。

这里还提出了两个问题：

1. 当直接人工成本是成本构成中不那么重要的元素时，像传统方法一样（回顾第 8 章），基于直接人工成本将间接成本吸收到工作成本中是否恰当？

2. 我们是否应该调查间接成本产生的原因，以确定它们在产品和工作成本中的比例，而不是随意分解它们？

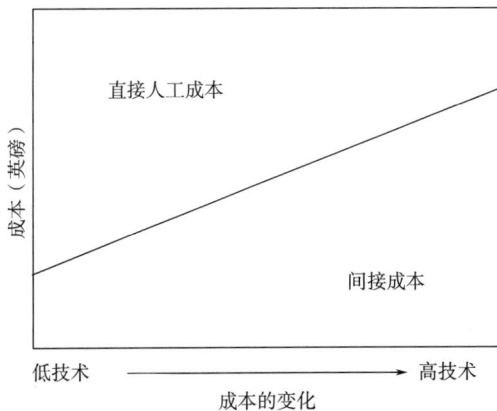

图 12-2　成本的变化

示例

在思考上述提出的两个问题时，请考虑这个示例。某公司生产 X 和 Y 两种产品，产品 X 是最近推出的新产品，使用了一些新购入的先进制造设备。虽然这种先进的新设备生产出了优质产品，但成本高昂，包括高昂的财务费用、设置和维护成本、折旧和与空调等环境相关的成本，而产品 Y 则更为传统并且仍然依赖大量的直接劳动力。

这两种产品产生的直接材料成本相同，但产品 X 对直接人工的需求很少，因此其直接人工成本较低，而传统制造的产品 Y 对直接人工的依赖程度较高，直接人工成本较高。

该公司的产品成本核算基于直接人工成本的传统吸收成本法。每 1 英镑的直接人工成本，公司吸收了 1.5 英镑的间接成本。X 和 Y 两种产品的直接成本见表 12-1。

表 12-1 产品 X 和产品 Y 的直接成本

单位：英镑（£）

成本要素	产品 X	产品 Y
直接材料成本	8.50	8.50
直接人工成本	1.00	4.00

基于传统吸收成本法计算的每种产品的总成本，意味着产品 X 每单位将获得 1.50 英镑的间接成本（1×1.50 英镑），产品 Y 将获得每单位 6.00 英镑的间接成本（4×1.50 英镑）。两种产品的总成本见表 12-2。

表 12-2 产品 X 和产品 Y 的总成本

单位：英镑（£）

成本要素	产品 X	产品 Y
直接材料成本	8.50	8.50
直接人工成本	1.00	4.00
间接成本	1.50	6.00
总成本	11.00	18.50

从这个示例中可以看出，低技术产品 Y 获得的份额是分配给产品 X 的间接成本的份额的 4 倍，而产品 X 由于使用了先进的制造技术，在业务中产生了高额的间接成本。产品 Y 承担了不成比例的间接成本，因此总成本过高，而产品 X 获得的间接成本份额较小，因此总成本较低。

我们可以看到，传统的产品成本核算方法在某些情况下可能会导致一些产品成本过高，而另一些产品成本过低，这可能会使管理层做出错误的接单或定价决策。

成本行为变化

随着向先进制造技术的转移以及与此转移相关的间接成本的增加，我们应该意识到这不可避免地增加了企业的固定成本。一旦投资了先进的技术设备，企业将产生大量的折旧成本、财务成本和维护设备环境的成本，这些都是固定成本，并且必须从设备的产出中得到回报。因此，在对先进技术进行投资时，企业管理者需要更好地了解市场、市场份额、新市场等信息。

服务行业

传统的成本核算方法在制造行业中使用，很少考虑服务部门的成本核算。以英国为例，在 20 世纪后期，我们看到了英国制造行业的衰落和服务行业的兴起。在时尚产业里，英国制造行业的规模在过去 25 年中大幅下降，取而代之的是由时尚零售商从全球采购时尚产品所推动的服务行业（见第 3 章和第 4 章）。

在这种情况下，成本很重要，但它们与基于成本要素和吸收成本法使用的传统成本核算体系无关。因此，在服务行业，需要用不同的方法来处理间接成本，以确保管理层做出适当的接单和定价决策。

作业成本法

到目前为止，本章的讲解重点是，在某些情况下，制造行业的变化和企业运营方式的变化可能意味着传统的成本核算方法是不合适的，在间接成本成为成本中更重要的因素的情况下尤其如此。因此，有必要采用一种不同的成本核算方法，而提出的一种解决方案是作业成本法（ABC 成本法）。

在作业成本法中，企业从事的创造成本的活动被用作推动成本进入产品的驱动因素，以期在产品成本方面给出更平衡的结果。该体系虽然是为制造行业开发的，但也适用于服务行业，并为它们提供了迄今为止无法使用的成本核算体系。

在本书第 13 章中详细介绍了作业成本法，并附有插图和习题。

习题

- 如果不熟悉本章中提到的某些概念，如先进制造技术和精益生产制，请阅读这些主题领域的文章。
- 概述对先进制造方法的理解，并列出此类方法的一些特征。
- 如果服装企业采用更先进的技术方法进行生产，请说出这些方法可能对其成本产生的影响。

拓展阅读

Kaplan, R. S. and Cooper, R.（1998）*Cost and Effect*, Boston：Harvard Business School Press.

第13章 作业成本法

引言

本章运用卡普兰和库珀设计的成本核算体系，以解决成本发生变化的情况下的产品成本核算问题。虽然这种成本核算体系是为制造行业设计的，但它也可以用于服务行业。因此，在服装采购中，制造不是唯一的考虑因素，成本与服装的采购和运输有关，采用作业成本法是合适的。

根据本书第12章所讲，随着企业业务的变化和先进制造技术的投入使用，传统的产品成本核算体系不总是合适，因为它们依赖于直接人工成本作为间接成本的驱动因素。一旦制造系统发生变化并且间接成本成为成本的重要组成部分时，企业就需要密切关注间接成本及其驱动因素。服务行业的企业和那些只从事采购的企业也是如此，因为除了他们购买产品（服装）的成本外，所有的其他成本实际上都是间接成本。因此，需要采用一些方法将这些成本计入产品，因为基于直接人工或机器工时的间接成本的选择并不一样。

作业成本法

作业成本法（ABC成本法）的本质是产品或服务本身并不产生成本，但企业参与的活动会产生成本。可以把产品或服务看作这些活动的用户，产品使用的活动越多，它必须承担的成本就越多。

作业成本法试图将间接成本与导致成本产生的活动相关联，称为成本动因。具有相同成本动因的成本被放入同一成本池中，然后使用适当的成本动因率来计算产品成本（图 13-1）。

间接成本 >>	成本池 >	成本动因率 >	产品成本
	成本池 >	成本动因率 >	
	成本池 >	成本动因率 >	
	成本池 >	成本动因率 >	
	成本池 >	成本动因率 >	
	成本池 >	成本动因率 >	

图 13-1　作业成本法计算过程

与传统的吸收成本法不同的是，后者将间接成本分配给各部门或成本中心，对该成本中心内的所有间接成本都使用单一的成本中心费率来计算产品成本，而不考虑究竟是什么活动导致了这些间接成本的产生。

作业成本法的典型活动及其可能的成本动因见表 13-1。

表 13-1　作业成本法的典型活动及可能的成本动因

典型活动	成本动因
机器活动	机器工时
管理	机器工时
生产设置	需要的设置数量
检查	检查次数
接收材料	需要的接收数量

作业成本法与传统吸收成本法的对比

Auto Wear Overalls 公司在先进的制造环境中以最少的直接劳动力生产一次性工作服。他们在工厂使用相同的机器设备生产三个等级的工装（白色、绿色和蓝色），不同等级产品的机器工时数略有不同。

Auto Wear Overalls 公司的直接人工成本百分比见表 13-2。

表 13-2　Auto Wear Overalls 公司的直接人工成本百分比

项目	种类		
	白色工服	绿色工服	蓝色工服
计划产量（件）	100000	80000	60000
每件衣服直接材料成本（英镑）	2.00	2.50	3.00
每件衣服直接人工成本（英镑）	0.35	0.35	0.35
每件衣服机器工时数（小时）	0.20	0.25	0.30
设置次数（次）	50	30	20

该期间的总间接成本估计为 50 万英镑。

在此期间有 10 份库存收据，其中 9 份涵盖了所有等级，1 份仅包含白色工服。

使用传统的吸收成本法，根据直接人工成本的百分比吸收间接成本，间接成本吸收率为 595.24%，其计算过程如下。

间接成本吸收率的计算

白色工服的直接人工成本：$0.35 \times 100000 = 35000$（英镑）

绿色工服的直接人工成本：$0.35 \times 80000 = 28000$（英镑）

蓝色工服的直接人工成本：$0.35 \times 60000 = 21000$（英镑）

总的直接人工成本：$35000 + 28000 + 21000 = 84000$（英镑）

间接成本吸收率：$\dfrac{500000}{84000} \times 100\% = 595.24\%$

Auto Wear Overalls 公司的活动金额与可能的成本动因见表 13-3。

表 13-3　Auto Wear Overalls 公司的活动金额与可能的成本动因

单位：英镑（£）

活动成本池	间接成本金额	成本动因
生产设置/转换	55000	设置数量
机器活动	150000	机器工时
监督	200000	机器工时
接收和存储	45000	收货数量
包装	50000	产品产量

每个等级工服吸收的间接成本总额计算如下：

白色工服吸收的间接成本总额：35000×595.24%=208334.00（英镑）

绿色工服吸收的间接成本总额：28000×595.24%=166667.20（英镑）

蓝色工服吸收的间接成本总额：21000×595.24%=125000.40（英镑）

从表13-4中可以看出，由于三种工服的直接人工成本是一致的，最终单位成本的唯一差异是直接材料成本的差异，即绿色工服成本比白色工服多0.5英镑，蓝色工服成本比白色工服多1英镑。传统的成本核算方式没有考虑到绿色和蓝色工服比白色工服需要更多的机器工时，或者白色工服需要更多的设置。

表13-4 传统成本核算——使用直接人工成本的百分比

单位：英镑（£）

成本要素	种类		
	白色工服	绿色工服	蓝色工服
直接材料成本	200000.00	200000.00	180000.00
直接人工成本	35000.00	28000.00	21000.00
间接成本	208334.00	166667.20	125000.40
总成本	443334.00	394667.20	326000.40
单位成本（四舍五入）	4.43	4.93	5.43

使用作业成本法时，间接成本的成本计算需要更多的关注，但考虑到不同活动的不同成本动因，可以提供更好的结果。这个示例只考虑了四个成本动因，但可以看出它产生了一个更加合理的产品成本（这个示例中的一些数据已经四舍五入了）。

生产设置

该公司计划生产白色工服50件、绿色工服30件、蓝色工服20件，共100件工服。其生产设置成本计算如下：

$$进行生产设置的成本：\frac{55000}{100}=550（英镑）$$

白色工服进行生产设置的成本：550×50=27500（英镑）

绿色工服进行生产设置的成本：550×30=16500（英镑）

蓝色工服进行生产设置的成本：550×20=11000（英镑）

机器作业管理

根据表 13-2 可知，白色工服的产量是 100000 件，每件工服生产需要的机器工时数为 0.2 小时，故生产白色工服需要机器生产 20000 小时。同样，我们可以得到生产绿色工服和蓝色工服的机器工时数，计算如下：

白色工服生产的机器工时数：100000×0.20=20000（小时）

绿色工服生产的机器工时数：80000×0.25=20000（小时）

蓝色工服生产的机器工时数：60000×0.30=18000（小时）

因此，合计机器生产的总工时数为 58000 小时。

根据表 13-3 可以看出，机器生产所需要的总成本为 350000 英镑，故将其除以总时间就可以得到每小时机器生产需要的成本，计算如下：

$$\frac{350000}{58000} = 6.034（英镑 / 时）$$

将每小时机器生产所需要的成本乘以上述生产每种颜色的工服需要的时间，就可以得到生产每种颜色工服需要的机器成本，计算如下：

白色工服需要的机器成本：20000×6.034=120680（英镑）

绿色工服需要的机器成本：20000×6.034=120680（英镑）

蓝色工服需要的机器成本：18000×6.034=108612（英镑）

接收和存储

根据表 13-3 可知，接收和储存的成本为 45000 英镑，是以接收的单据的数量来衡量的。

已知公司在生产期间有 10 份库存收据，其中 9 份涵盖了所有等级的工服，1 份仅包含白色工服，故每份单据的成本为 4500 英镑，计算如下：

$$\frac{45000}{10} = 4500（英镑）$$

由于其中 9 份涵盖了所有等级，1 份仅包含白色工服，可以先减去 1 份白色工服的成本，再对三个颜色的工服进行分摊，就可以得到每种颜色工服的相应成本，计算如下：

$$45000-4500（1份白色工服的成本）=40500（英镑）$$

$$\frac{40500}{3}=13500（英镑）$$

白色工服接收和存储的成本：4500+13500=18000（英镑）

绿色工服接收和存储的成本：13500英镑

蓝色工服接收和存储的成本：13500英镑

包装

根据表13-2可知，三种颜色工服的总产量为240000件，其计算过程如下：

总产量 =（白色）100000+（绿色）80000+（蓝色）60000=240000（件）

根据表13-3可知，包装总成本为50000英镑，故每件服装的包装成本计算如下：

$$\frac{50000}{240000}=0.208（英镑/件）$$

每种颜色工服的包装成本计算如下：

白色工服的包装成本：100000×0.208=20800（英镑）

绿色工服的包装成本：80000×0.208=16640（英镑）

蓝色工服的包装成本：60000×0.208=12480（英镑）

从表13-5中可以看出，由于制作中的各种用途反映在成本中，产生了更加平衡的产品成本，但导致产品成本差异的不仅仅是直接材料成本的差异。

表13-5 作业成本法

单位：英镑（£）

成本要素		种类		
		白色工服	绿色工服	蓝色工服
直接成本	直接材料成本	200000	200000	180000
	直接人工成本	35000	28000	21000
间接成本	生产设置	27500	16500	11000
	机器作业管理	120680	120680	108612
	收发	18000	13500	13500
	包装	20800	16640	12480

成本要素	种类		
	白色工服	绿色工服	蓝色工服
总成本	421980	395320	346592
单位成本（四舍五入）	4.22	4.94	5.78

表 13-6 显示的是传统成本法与作业成本法的对比结果。

表 13-6　传统成本法与作业成本法的结果对比

单位：英镑（£）

核算方法	白色工服	绿色工服	蓝色工服
传统成本法	4.43	4.93	5.43
作业成本法	4.22	4.94	5.78

服务提供商的作业成本法示例

Sancho 有限公司从中国上海的工厂采购男式西装，供应给英国的零售商。尽管他们提供的是产品，但他们实际上提供的是采购、质量管理、仓储、运输和分销等服务。他们从中国的综合工厂采购，这些工厂正在为他们定制生产"意大利风格"款式的服装。

在接下来的一段时间里，他们将为英国各地的零售业务采购四种不同面料和尺寸的款式，每种款式的价格都经过了协商，具体见表 13-7。

表 13-7　不同款式的购买价格

购买信息	款式 A	款式 B	款式 C	款式 D
购买价格（英镑）	20.00	25.00	28.00	30.00
数量（件）	25000	20000	15000	5000
顾客数（人）	20	10	6	4

产生的其他费用以及基于作业成本法的成本核算，分别见表 13-8、表 13-9。

表 13-8　产生的其他费用

单位：英镑（£）

活动	费用	成本动因
在中国采购	45500	每件衣服的数量
中国的运输 / 仓储 / 空运	80000	购买
英国的仓储和分销	50000	—
总计	175500	—
质量检查	7800	检查次数（每 500 件抽 1 件）
员工和相关成本	80000	每个客户
货币兑换成本	5000	占购买的服装成本的比例

表 13-9　基于作业成本法的成本核算

单位：英镑（£）

成本要素	款式 A	款式 B	款式 C	款式 D
购买额	500000	500000	420000	150000
采购 / 运输	67500	54000	40500	13500
质量检验	3000	2400	1800	600
英国员工费用	40000	20000	12000	8000
货币兑换费用	1592	1592	1338	478
总成本	612092	577992	475638	172578
单位成本	24.48	28.90	31.71	34.52

作业成本法的优缺点

优点

- 作业成本法提供了一种将间接成本与产品相关联的方法，因为企业的制造技术变得更加先进，并且生产过程不再那么依赖直接劳动力。
- 作业成本法使企业能够看到产生间接成本的活动，而不仅仅是分配这些成本。
- 作业成本法提供了一个与服务行业和制造商相关的成本核算体系。
- 作业成本法允许企业在确定其成本动因时具有创造性。
- 作业成本法可以通过使用活动成本池来帮助企业进行成本预算。

缺点

- 决定企业何时从传统成本核算法转变为作业成本法并不明确，因为这可能涉及企业认知上的一次飞跃，企业需要尝试采用一套从未使用过的核算体系，并需要一段时间来运行。
- 确定服务行业的成本动因可能很困难，因为与所提供的服务建立关系可能并不容易。
- 一开始可能会倾向于使用大量成本动因，这会使成本核算变得相当复杂，但应牢记有限数量的成本动因不太可能获得所需的改进。
- 可能需要更改企业使用的预算体系，以符合活动成本池。

基于活动的预算

企业在采用作业成本法的情况下，他们的预算与活动成本池和成本动因保持一致是有意义的。如果如第 11 章所述，预算是一项财务行动计划，那么该计划需要反映企业正在采用的其他会计方法。

通过长期监控与其成本动因相关的间接成本，将使企业能够通过识别企业从事的非增值活动来控制其成本。

习题

请说明为什么作业成本法可以在制造环境下给出更接近现实的产品成本。

习题 1

一家服装制造商已确定以下 4 个成本池及其各自的成本动因：

成本池	成本动因
机器活动	机器工时
质量检验 / 控制	所需检查次数
材料的接收和处理	收据数量
分销	每个客户

将以下活动成本分析到相应的成本池中。

活动成本	成本池
机器折旧	
货车司机工资	
管理部门工资	
面包车运输成本	
质量控制人员工资	
机器维修费用	
机器所需配件	
质量控制人员培训费用	
包装费用	
机械电力成本	
机器管理费用	
材料存储成本	
面料测试费用	
机器清洁费用	

习题 2

一家服装制造商已确定以下支持活动的成本，请分析成本动因。

成本	成本动因
机器维修费用	
设置和重新校准成本	
质量检验费用	
采购成本	
机器管理费用	

习题 3

Great Activity 有限公司生产4种不同尺寸、颜色和数量的服装（A、B、C、D），下表显示了其未来一段时间的生产成本表。

项目	款式 A	款式 B	款式 C	款式 D
生产运行次数（次）	4	5	3	3
产量（件）	10000	8000	6000	5000
每件衣服的直接材料成本（英镑）	4.50	3.80	6.20	5.60
每件衣服的直接人工成本（英镑）	1.30	1.30	1.65	1.65
每件衣服的机器工时数（小时）	0.15	0.20	0.25	0.25

每次开始新的生产运行时都需要重新进行一次设置。

间接成本如下：

单位：英镑（£）

成本	金额	成本动因
生产设置成本	19500	设置数量
机器活动费用	35000	机器工时
材料接收和处理费用	12000	—
生产运行次数	—	—
包装 / 发货	15000	产量

1. 根据直接人工成本的百分比，通过吸收间接成本，计算期间每个范围的总成本和每件服装的单位成本。
2. 使用作业成本法计算期间内每个范围的总成本和单位成本。
3. 传统吸收成本法与作业成本法显示单位成本的比较。

习题 4

Ranjan 有限公司在英国经营业务，从远东采购优质丝绸面料，用于英国和欧洲的高端时尚服装行业。在接下来的一段时间里，他们将采购 5 种不同颜色的丝绸面料，销售给欧洲各地的制造商。为方便起见，这 5 种产品以其代号命名，分别为 Ven、Wen、Xen、Yen、Zen，如下表所示，包括该时期的采购数量、每米议定价格以及构成每种产品总需求的批次数。

项目	产品				
	Ven	Wen	Xen	Yen	Zen
需要采购的数量（件）	50000	30000	25000	20000	20000
远东每米采购价格（英镑）	5	5	8	10	12
达到需求的批次数（次）	3	2	1	1	1
每个产品的客户（人）	20	20	10	5	5

该期间接成本如下：

单位：英镑（£）

活动	成本	成本动因
远东物流	120000	为满足需求需要收集和运送的批次总数 运输仓储等
远东管理费用	50000	每米采购的面料
船运费用	150000	每米采购的面料
欧洲物流、仓储运输	120000	按每个产品的客户比例
欧洲管理	75000	每个产品均等
财务和货币成本	25000	与产品的购买价格成比例

你需要：

1. 使用基于活动的作业成本法为要采购的 5 种产品中的每一种提供总成本。
2. 显示每个产品的单位成本。

（计算结果请精确到小数点后两位）

拓展阅读

Bhimani, A. (2015) *Management and Cost Accounting*, (6th ed.), Pearson.

Boyd, K. (2013) *Cost Accounting or Dummies*, Wiley.

Drury, C. (2018) *Management and Cost Accounting* (10th ed.), Cengage Learning.

Kaplan, R. S. & Cooper, R. (1998) *Cost and Effect*, Boston MA: Harvard Business School Press.

第14章 资本投资决策

引言

资本投资决策通常由组织中的高级管理人员负责，因为它们涉及大量的资金支出。这并不是说不涉及其他级别较低的员工，特别是在收集做出最终决策的初始信息和数据方面。因此，在此类文献中，概述资本投资决策及其评估是很有必要的。

从本质上讲，资本投资决策与为资本项目提供资金的大笔资金支出有关，此类项目的寿命至少为一年，但更常见的是数年，并且可能持续很长时间。这些项目可能是购买新设备或新计算机系统，或开设新的配送中心或新的零售店，或将柴油车替换为电动车等，项目类型多种多样。问题在于，这些项目涉及花费大量公司资本或借入大量资金。

在大多数情况下，此类项目需要进行某种技术评估，而技术规范在决策过程中很重要。然而，项目通常还需要进行某种财务评估以评估其财务可行性。这被称为资本投资评估，可以采用多种方法，但所有方法都依赖于有关项目的良好信息以及对项目将如何执行的良好估计。

资本成本

项目的资本成本本质上是要进行支出的，尽管它可能是一个综合成本，通常在项目开始时进行支付，但可能会分阶段支付。资本成本包括启动和运行项目所涉及的所有成本。

示例

一家公司决定投资一个新的集成计算机系统，为了使系统启动并正常运行，将产生以下成本：

- 硬件成本，如计算机、显示屏、键盘、服务器等。
- 安装成本，如网络布线等。
- 为适应网络服务器进行的建筑物改建费用。
- 软件和编程成本。
- 为使员工能够操作该系统进行的员工培训费用。

如果项目涉及大规模建筑工程，资本成本可能会随着工程的进展分阶段支付，并且计划通常会指明付款的阶段。在建筑物被移交并解决所有初始问题（称为"障碍"）之前，不会支付最后一笔款项。

会计收益率

计算会计收益率（ARR）是评估资本投资决策的最简单的方法之一，但应用时具有局限性。这种方法考虑了项目在其生命周期内产生的平均利润，并将该利润与资本支出进行比较。

示例

某公司打算在一个为期四年的项目上花费 12000 英镑。在这四年中，该项目预计每年都会产生利润，具体数据见表 14-1。

表 14-1　项目利润表

单位：英镑（£）

年	利润
第一年	1200
第二年	1400
第三年	1600
第四年	1400
总计	5600

根据表中数据，该项目的平均利润计算如下：

$$\frac{5600}{4}=1400（英镑）$$

该项目的会计收益率计算如下：

$$\frac{1400}{12000}\times100\%=11.67\%$$

在根据这种方法做出决策时，管理层将寻求最高的百分比回报。需要注意的是，并没有标准的计算会计收益率的方法，这里只是一种方法的示例。为了讲解该方法，本示例中用了简单的数据，但实际上，资本投资决策通常涉及数值非常大的金额。

这种评估方法显然很简单，并且有一个都可以理解的逻辑，那就是希望从资本的支出中获得更高的回报。然而，由于它对大多数项目的应用有限，因此很难评估单个项目获得了多少利润，因为利润往往是针对整个业务或单个运营业务的，而不是单个项目计算的。因此，如果一家制造商决定使用新的激光切割机，可能很难确定这台设备产生了多少利润。它可能适用于项目开设一个新的出口，将产生可识别的利润，但它引发了人们对"利润"是否是资本投资的最佳衡量标准的质疑。

净现金流入

除了会计收益率外，大多数其他资本投资评估方法使用现金流而不是利润作为衡量标准，它们的优势是在流入和流出方面更容易识别项目。现金流入是项目产生的收入，而现金流出是项目的费用和成本。这些资金被抵消以提供净现金流入。

项目生命周期内净现金流入的形态很有趣，类似于产品生命周期的形态。

图 14-1 展示了一个项目的净现金流入情况，起初现金流会随着时间慢慢增长，但是达到一定阶段后就会停止增长，并最终随着项目的结束逐渐归零。初期现金流上升的曲线越陡，代表项目进展越快，项目的提前期就短（图 14-2）；初期上升曲线越平坦，则提前期就越长（图 14-3）。现金流曲线的平台期越长就表示项目的寿命越长，而平台期短表示项目的寿命短。

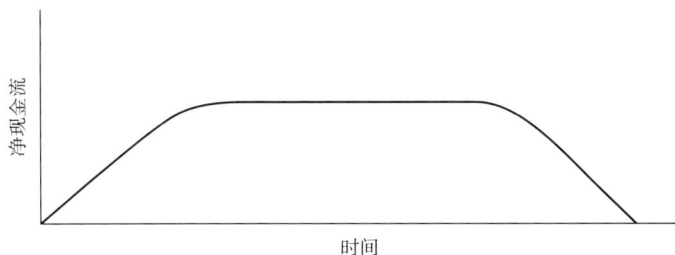

图 14-1　净现金流入的一般形态

图 14-2　项目提前期较短的形态

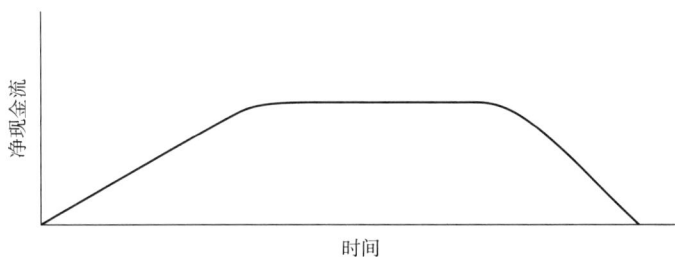

图 14-3　项目提前期较长的形态

投资回收期

计算投资回收期的资本投资评估方法使用本章所述的净现金流入，这可能是最常用的投资评估方法。该方法背后的逻辑是"企业从项目中能以多快的速度收回投资的资本"。因此，我们还可以用"投资回收期"这种更容易理解的方法来做分析。投资回收期的决策规则是寻找最短的投资回收期（即偿还资本支出最快的项目）。这是通过估计项目生命周期内的净现金流入并使其逐年累计完成的，然后确定累计的净现金流入何时达到资本成本。

示例

一家服装制造商决定以 15 万英镑的资本成本投资一台计算机控制的激光切割机。预计该机器将在该公司服务六年，届时它将被淘汰。预计在六年期间将产生以下净现金流入，具体流入情况如表 14-2 所示。

表 14-2　该公司六年间净现金流入情况

单位：英镑（£）

年	流入	累计流入
第一年	45000	45000
第二年	65000	110000
第三年	80000	190000
第四年	80000	270000
第五年	80000	350000
第六年	65000	415000

从表 14-2 中的累计列可以看出，直到项目第三年的某个时候，资本成本才与净现金流入相匹配。到第三年年底，累计净现金流入将达到 19 万英镑，超过资本成本。因此，投资回收期为第二年加上第三年的一小部分。

可以看出，在第二年年底，累计净现金流入为 11 万英镑，因此还需要 4 万英镑来匹配资本成本的 15 万英镑，其中 4 万英镑将来自第三年产生的 8 万英镑。因此，可折算为：

$$\frac{40000}{80000} = 0.5（年）$$

因此投资回收期为 2.5 年。

在将此激光切割机与其他类似系统进行比较时，将选择最短的投资回收期。

可以看出，这也是一种简单的计算方法，它基于这样一个概念：企业想知道自己能多快收回投资。然而，它有两个主要缺点，即它没有考虑货币价值的变化，也没有认识到某些项目需要更长的时间才能建立，但从长远来看，它比回收期短的项目更有利可图。

贴现现金流

查看资本投资评估的更好方法是使用贴现现金流（DCF）并计算项目的净现值。贴现现金流仅在复利的基础上反向工作。

如果你有 100 英镑可投资，并且你的投资每年可以获得 5% 的利息，那么一年后你将拥有 105 英镑。贴现现金流的工作基础是以利率计算的未来收入，当下的价值将低于未来的价值。因此，在本示例中，如果我们将 105 英镑作为未来收入，那么今天（在投资开始时）它价值 100 英镑，即其现值。

未来收入和支出的现值可以用现值系数表来计算，表 14-3 是摘录其中的一部分，在本章的末尾会给出一个更详细的表格。

选取适当的利率，并根据年份读出现值系数，将该系数乘以未来收入（或支出），即可得出该收入（或支出）的现值，计算如下：

$$105 \times 0.9524 = 100 \text{（英镑）}$$

表 14-3 现值系数

年	3%	4%	5%	6%	10%	12%
第一年	0.9709	0.9615	0.9524	0.9434	0.9091	0.8929
第二年	0.9426	0.9426	0.9070	0.8900	0.8264	0.7972
第三年	0.9151	0.8890	0.8638	0.8396	0.7513	0.7118
第四年	0.8885	0.8548	0.8227	0.7921	0.6830	0.6355
第五年	0.8626	0.8219	0.7835	0.7473	0.6209	0.5674
第六年	0.8375	0.7903	0.7462	0.7050	0.5645	0.5066

企业要使用利率做出决定时，许多企业会选择其借款的当前利率，如果他们有几笔利率不同的贷款，则可能选择平均利率。然而，有一种观点认为，加权平均资本成本（WACC）应该考虑股本的任何名义股息以及借入资金的利率，或者可以使用多个利率来显示一系列情况。

示例

以投资回收期一节中使用的激光切割机为例，资本成本为 15 万英镑，假设利率为 10%，将得出以下结果，如表 14-4 所示。

表 14-4 激光切割机的现金流

单位：英镑（£）

年	流入	PV 系数为 10% 的现值系数	现值 *
第一年	45000	0.9091	40910

年	流入	PV 系数为 10% 的现值系数	现值 *
第二年	65000	0.8264	53716
第三年	80000	0.7513	60104
第四年	80000	0.6830	54640
第五年	80000	0.6209	49672
第六年	65000	0.5645	36693

* 四舍五入。

然后将整个项目的净现金流入的现值相加，并扣除资本成本以得出项目的净现值。在这个示例中，净现值的计算如表14-5所示。

表14-5　净现值计算

单位：英镑（£）

总现值	295735
初始资本成本	150000
净现值	145735

使用净现值的决策规则是要选择最高净现值，并排除任何负的净现值。最高净现值表示一旦未来收入转换为其现值，相较于资本成本的最高收益。

贴现回收期

投资回收期和贴现现金流可以在折扣回收期中合并。在这里，投资回收期的简易性与现金流贴现的艰难优势相抵消。资本流入被贴现以给出它们的现值，并且现值被累计以查看累计的现值何时与资本成本匹配，见表14-6。

表14-6　贴现净现金流入与累计现值

单位：英镑（£）

年	流入	PV 系数为 10% 的现值系数	现值 *	累计现值
第一年	45000	0.9091	40910	40910

年	流入	PV 系数为 10%的现值系数	现值 *	累计现值
第二年	65000	0.8264	53716	94626
第三年	80000	0.7513	60104	154730
第四年	80000	0.6830	54640	209370
第五年	80000	0.6209	49672	259042
第六年	65000	0.5645	36693	295735

* 四舍五入。

从表 14-6 中可以看出，该项目的贴现净现金流入将与第三年的资本成本相匹配，与以前一样，但更接近年底。

到第二年年底，还需要 55374 英镑来匹配资本成本（150000-94626），这将不得不从第三年的贴现流入中产生，可以折算为：

$$\frac{55374}{60104} = 0.92（年）$$

因此，贴现投资回收期为 2.92 年（近 3 年）。

尽管这比直接投资回收期要好，但决策规则是相同的，即寻找最短的折现投资回收期，因此它不考虑提前期较长但最终为企业带来更多利润的项目。

示例

Progressive 有限公司是一家时装设计公司，正在考虑投资一些高科技设备。他们正在考虑以下两个备选方案：

方案 1：Micro-Spot 系统

方案 2：Gruber 系统

表 14-7 与表 14-8 分别显示了方案 1 和方案 2 净现金流的对比与累计情况。

表14-7 两种方案的净现金流对比

单位：英镑（£）

项目	方案1	方案2
成本	230000	280000
寿命	5年	5年
净现金流		
第一年	40000	60000
第二年	80000	100000
第三年	100000	100000
第四年	60000	60000
第五年	50000	60000

表14-8 两种方案的累计净现金流

单位：英镑（£）

年	净现金流入1	累计	净现金流入2	累计
第一年	40000	40000	60000	60000
第二年	80000	120000	100000	160000
第三年	100000	220000	100000	260000
第四年	60000	280000	60000	320000
第五年	50000	330000	60000	380000

两种方案都有不同的资本成本，并且因为它们的工作方式略有不同，所以交货时间也不同，因此第一年和第二年的净现金流入不同。然而，据估计，它们的寿命都在五年左右，之后可能会出现一些新的系统。在五年结束时，Gruber 系统的供应商保证最低残值（报废价值）为 10000 英镑，并且已添加到最后一年的净现金流入中。

公司目前的平均资本成本为每年 12%，因此决定按此比率贴现。

投资回收期

Micro-Spot 系统：

在第三年年底，累计净现金流入为 22 万英镑，第四年还需要 1 万英镑以匹配资本成本，可折算为：

$$\frac{10000}{60000}=0.17（年）$$

因此，Micro-Spot 系统的投资回收期为 3.17 年。

Gruber 系统：

在第三年末，累计净现金流入为 26 万英镑，第四年还需要 2 万英镑以匹配资本成本，可折算为：

$$\frac{20000}{60000}=0.33（年）$$

因此，Gruber 系统的投资回收期为 3.33 年。

可以看出，方案 1 的 Micro-Spot 系统的投资回收期略短，为 3.17 年，而方案 2 的 Gruber 系统为 3.33 年。因此，将根据该方法选择 Micro-Spot 系统。

根据净现值，Micro-Spot 系统的净现值为正值（7168），而 Gruber 系统的净现值为负值（-3352）。因此，在净现值的基础上，Micro-Spot 系统也将是可取的。

可以使用表 14-9 与表 14-10 提供的数据来确定两个方案的折现投资回收期。

表 14-9　Micro-Spot 系统净现值

单位：英镑（£）

年	净现金流入	PV 系数为 12% 的现值系数	现值
第一年	40000	0.8929	35712
第二年	80000	0.7972	63776
第三年	100000	0.7118	71180
第四年	60000	0.6355	38130
第五年	50000	0.5674	28370
总现值		237168	
资金成本		230000	
净现值		7168	

表 14-10 Gruber 系统净现值

单位：英镑（£）

年	净现金流入	PV 系数为 12% 的现值系数	现值
第一年	60000	0.8929	53574
第二年	100000	0.7972	79720
第三年	100000	0.7118	71180
第四年	60000	0.6355	38130
第五年	60000	0.5674	34044
总现值	276648		
资金成本	280000		
净现值	−3352		

总结

资本投资决策是指在设备、设施、建筑物等方面投入大量资金，这些设备、设施、建筑物等将使用数年，其目的是估计哪个方案将为企业提供财务上最可行的选择。使用的计算方法与所提供的估计数据应一样可取，因此在收集信息时需要谨慎。

本章主要介绍了以下四种资本投资评估方法：

1. 会计收益率
2. 投资回收期
3. 使用净现值的贴现现金流
4. 贴现回收期

这四种方法对应的决策规则为：

1. 会计收益率：选择资本支出的最高平均百分比回报率。
2. 投资回收期：选择最短的。
3. 净现值：消除所有负净现值并选择最高的正净现值。
4. 贴现回收期：选择最短的。

习题

习题 1

Ambladec 有限公司正在开展一个项目，该项目将持续三年，资本成本为 40 万英镑。净现金流入估计为：

第一年：10 万英镑

第二年：20 万英镑

第三年：30 万英镑

假设贴现率为 15%，计算投资回收期和净现值。

审查以下三个资本项目的净现金流入情况，然后回答下列问题：

单位：英镑（£）

年	项目 1 净现金流入	项目 2 净现金流入	项目 3 净现金流入
第一年	40000	80000	60000
第二年	65000	100000	70000
第三年	68000	90000	70000
第四年	70000	80000	70000
第五年	60000	70000	70000
第六年	40000	50000	50000

1. 画出三个项目的净现金流入形态图。
2. 哪些项目的交付周期最短？
3. 哪个项目保持收益的时间最长？
4. 哪个项目在收入方面几乎没有停滞而稳定？

习题 2

Provinces 有限公司正在考虑在 Merborough 购物中心开设一家新的时装店。公司的管理人员正在寻找两个可能的市中心场地，成本和收入如下所示。

位置 1——位于新的 Merborough 购物中心的一个单元

单位：英镑（£）

资本成本	金额
三年租赁费（预付）	234000
初始律师费	3500
店铺装修费	120000

单位：英镑（£）

年	收入	收入支出
第一年	280000	100000
第二年	400000	110000
第三年	440000	120000

位置 2——位于 King Street 的一个商店单元

单位：英镑（£）

资本成本	金额
三年租赁费（预付）	255000
初始律师费	4500
店铺装修费	130000

单位：英镑（£）

年	收入	收入支出
第一年	280000	120000
第二年	420000	140000
第三年	480000	150000

使用以下方法对正在考虑的两个方案作出评估：

1. 计算投资回收期。
2. 计算 10% 贴现率时的净现值。
3. 计算 10% 贴现率时的折现投资回收期，评估分析哪个位置的投资更佳并说明理由。

习题 3

Ember 控股公司正在考虑购买一台新的计算机驱动机器。提供这台机器的公司表示 Ember 控股公司可以拥有它四年，之后他们将以 4000 英镑的价格回购它。或者，该机器可以生产 6 年，但在 6 年结束时，供应商将不会回购，它将没有报废价值。

该机器的资本成本为 24000 英镑，估计的净现金流入为：

单位：英镑（£）

年	净现金流入
第一年	4000
第二年	6500
第三年	10000
第四年	9000
第五年	2000
第六年	1500

你需要：

1. 使用计算投资回收期和净现值的方法评估这两个方案，并且使用 12% 的贴现率。
2. Ember 控股公司进行了更多研究，发现了另一台类似的机器，被称为"Q"，也可以完成这项工作，并且初始资本成本较低，仅为 16800 英镑。但是，Q 机器的预期寿命只有三年，到了就必须报废。如果该项目要持续六年，则必须在第四年初购买一台相同的机器，估计成本为 18000 英镑。评估机器 Q 使用 12% 的贴现率，并将计算结果与从上一个问题中得出的结果进行比较。

习题 4

Zenco 股份公司打算为其工厂购买一个新的计算机系统，并一直在考虑各种类型。目前有三个系统看起来是可以的，分别为系统 A、系统 B 和系统 C。这些系统具有不同的规格，因此需要不同的安装和设置时间，安装成本已从第一年的净现金流入中扣除。这些机器也以不同的速度运行，不同的产出水平也计入净现金流入。

单位：英镑（£）

项目	系统 A	系统 B	系统 C
资金成本	34000	36000	28000
净现金流入			
第一年	5500	8000	6000

项目	系统 A	系统 B	系统 C
第二年	8500	9000	8400
净现金流入			
第三年	12000	10000	10000
第四年	10000	10500	9600
第五年	8200	6000	6500

附加信息:

1. 系统 A 和系统 B 在第五年末的报废价值相对较低,如低至 1000 英镑。系统 C 在第五年年底没有报废价值,对其安全处置将花费 2000 英镑。
2. 系统 C 的购买成本较低,安装成本较低,但在产量方面效率较低。
3. 该公司适用的利率为 12%。

你需要:

1. 批判性地评价机器的净现金流入,在这个过程中考虑流入的形态可能会有用。
2. 根据净现值和折现投资回收期评估这三个系统,并从财务角度指出哪一个是最佳选择。

习题 5

德国的 Hostigen 股份公司正在为其位于科隆的工厂评估两台新机器。在为避免受制造商名称和声誉影响的评估中,将这两台机器简称为"机器 A"和"机器 B"。他们的技术部门编制了以下对每台机器在其五年使用寿命内将产生的净现金流入的估计,净现金流入的主要变量是两台不同机器的维修和维护要求。任何评估中使用的机器的资本成本都需要包括安装和员工培训成本。以下数据为相关成本和净现金流入。出于评估的目的,公司决定忽略任何剩余价值或报废价值。

单位:€(欧元)

项目	机器 A	机器 B
资金成本		
系统采购价	120000	140000

项目	机器 A	机器 B
资金成本		
安装成本	10500	8500
培训费用	6000	5000
净现金流入		
第一年	36000	35000
第二年	38000	40000
第三年	40000	40000
第四年	40000	40000
第五年	36000	38000

公司每月的资本结构可以概括为：

单位：€（欧元）

项目	金额
普通股本（最近的股息为 12.5%）	400
预留	200
可转换贷款 6.25%	160
银行贷款 12.5%	240
总资本	1000

这给出了 9% 的加权平均成本率，并将用于资本投资评估。你需要：

1. 计算两台机器的投资回收期。

2. 根据净现值评估两台机器，使用此处给出的加权平均成本率计算两台机器的净现值。

3. 根据你的计算结果，从财务角度指出哪台机器对公司来说是最佳选择。

拓展阅读

Bhimani, A.（2015）*Management and Cost Accounting*（6th ed.）, New York；Harlow, England：Pearson.

Boyd, K.（2013）*Cost Accounting for Dummies*, Hoboken, NJ：Wiley.

Drury, C.（2018）*Management and Cost Accounting*（10th ed.）, Australia：Cengage Learning.

现值系数表

年份	1%	2%	3%	4%	5%	6%	7%	8%	9%	10%	12%	14%	15%
1	0.9901	0.9804	0.9709	0.9615	0.9524	0.9434	0.9346	0.9259	0.9174	0.9091	0.8929	0.8772	0.8696
2	0.9803	0.9612	0.9426	0.9426	0.9070	0.8900	0.8734	0.8573	0.8417	0.8264	0.7972	0.7695	0.7561
3	0.9706	0.9423	0.9151	0.8890	0.8638	0.8396	0.8163	0.7938	0.7722	0.7513	0.7118	0.6750	0.6575
4	0.9610	0.9238	0.8885	0.8548	0.8227	0.7921	0.7629	0.7350	0.7084	0.6830	0.6355	0.5921	0.5718
5	0.9515	0.9057	0.8626	0.8219	0.7835	0.7473	0.7130	0.6806	0.6499	0.6209	0.5674	0.5194	0.4972
6	0.9420	0.8880	0.8375	0.7903	0.7462	0.7050	0.6663	0.6302	0.5963	0.5645	0.5066	0.4556	0.4323
7	0.9327	0.8706	0.8131	0.7599	0.7107	0.6651	0.6227	0.5835	0.5470	0.5132	0.4523	0.3996	0.3759
8	0.9235	0.8535	0.7894	0.7307	0.6768	0.6274	0.5820	0.5403	0.5019	0.4665	0.4039	0.3506	0.3269
9	0.9143	0.8368	0.7664	0.7026	0.6446	0.5919	0.5439	0.5002	0.4604	0.4241	0.3606	0.3075	0.2843
10	0.9053	0.8203	0.7441	0.6756	0.6139	0.5584	0.5083	0.4632	0.4224	0.3855	0.3220	0.2697	0.2472

年份	16%	18%	20%	21%	22%	24%	25%	28%	30%	32%	34%	35%	40%
1	0.8621	0.8475	0.8333	0.8264	0.8197	0.8065	0.8000	0.7813	0.7692	0.7576	0.7463	0.7407	0.7143
2	0.7432	0.7182	0.6944	0.6830	0.6719	0.6504	0.6400	0.6104	0.5917	0.5739	0.5569	0.5487	0.5102
3	0.6407	0.6086	0.5787	0.5645	0.5507	0.5245	0.5120	0.4768	0.4552	0.4348	0.4156	0.4064	0.3644
4	0.5523	0.5158	0.4823	0.4665	0.4514	0.4230	0.4096	0.3725	0.3501	0.3294	0.3102	0.3011	0.2603
5	0.4761	0.4371	0.4019	0.3855	0.3700	0.3411	0.3277	0.2910	0.2693	0.2495	0.2315	0.2230	0.1859
6	0.4104	0.3704	0.3349	0.3186	0.3033	0.2751	0.2621	0.2274	0.2072	0.1890	0.1727	0.1652	0.1328
7	0.3538	0.3139	0.2791	0.2633	0.2486	0.2218	0.2097	0.1776	0.1594	0.1432	0.1289	0.1224	0.0949
8	0.3050	0.2660	0.2326	0.2176	0.2038	0.1789	0.1678	0.1388	0.1226	0.1085	0.0962	0.0906	0.0678
9	0.2630	0.2255	0.1938	0.1799	0.1670	0.1443	0.1342	0.1084	0.0943	0.0822	0.0718	0.0671	0.0484
10	0.2267	0.1911	0.1615	0.1486	0.1369	0.1164	0.1074	0.0847	0.0725	0.0623	0.0536	0.0497	0.0346

参考文献

Bhimani, A., Horngren, C. T. and Datar, S. M. (2008) *Management and Cost Accounting* (4th ed.), Harlow: Prentice Hall.

Bromwich, M. and Bhimani, A. (1997) *Management Accounting: Pathways to Progress*, London: CIMA.

Brown, P. and Rice, J. (2001) *Ready-to-Wear Apparel Analysis* (3rd ed.), Harlow: Prentice Hall.

Carr, H., Latham, B. and Tyler, D. J. (2008) *Carr and Latham's Technology of Clothing Manufacture* (4th ed.), Oxford: Blackwell.

Chuter, A. J. (1995) *Introduction to Clothing Production Management* (2nd ed.), London: Blackwell Scientific.

Cooklin, G. (2006) *Introduction to Clothing Manufacture*, revised by Hayes, S. G. and McLoughlin, J., Oxford: Blackwell Science.

Drury, C. (2015a) *Cost and Management Accounting*: *An Introduction* (8th ed.), Andover: Cengage Learning.

Drury, C. (2015b) *Management and Cost Accounting* (9th ed.), Australia: Cengage Learning.

Drury, C. (2016) *Management Accounting for Business* (6th ed.), Andover: Cengage Learning.

Easey, M. (2009) *Fashion Marketing* (3rd ed.), Oxford: Wiley–Blackwell.

Fairhurst, C. (2008) *Advances in Apparel Production*, Cambridge: Woodhead Publishing Ltd.

Hayes, S., Dr, McLoughlin, J., Fairclough, D. and Cooklin, G. (2012) *Cooklin's Garment Technology for Fashion Designers* (2nd ed.), Chichester: Wiley.

Horngren, C. T. (2014) *Introduction to Management Accounting* (16th ed., Global ed.), Harlow: Pearson Education Limited.

J. & P. Coats Limited (1996) *The Technology of Seams and Threads* (3rd ed.), Glasgow: Coats Ltd.

Jackson, T. and Shaw, D. (2006) *The Fashion Handbook*, London: Routledge.

Jackson, T. and Shaw, D. (2009) *Mastering Fashion Marketing*, Basingstoke: Palgrave Macmillan.

Jones, R. M. (2006) *The Apparel Industry* (2nd ed.), Oxford: Blackwell.

Lucey, T. (2005) *Management Accounting* (5th ed.), London: Continuum.

Lucey, T. (2009) *Costing* (7th ed.), London: Cengage Learning.

Lynch, R. (2006) *Corporate Strategy* (4th ed.), Harlow: Pearson Education Ltd.

Mintzberg, H., Quinn, J. B. and Ghoshal, S. (1998) *The Strategy Process: Revised European Edition* (2nd ed.), Harlow: Prentice Hall.

Russell, D., Patel, A. and Wilkinson–Riddle, G. J. (2001) *Cost Accounting: An Essential Guide*, Harlow: Financial Times Prentice Hall.

Ryan, B. (2008) *Finance and Accounting for Business* (2nd ed.), London: South–Western Cengage Learning.

Tyler, D. (1991) *Materials Management in Clothing Production*, Oxford: Blackwell Science.

Wood, F. and Sangster, A. (2015) *Frank Wood's Business Accounting 1* (13th ed.), Upper Saddle River: Pearson.

习题答案

第1章

A 公司—考虑要点

问题 1

- 获得知名品牌的难度。
- 只保留最有利可图的业务的战略决策。
- 企业失去方向。
- 企业的业务太多，需要聚焦。

问题 2

- 在线交易。
- 采样速度。
- 市场吸引力与风险管理。

问题 3

- TK Maxx 的库存处理方式。
- 乐购虽然销量大，但有利润率低的缺点。
- 欧尚、家乐福等可以帮助品牌在本土市场之外发展。

B 公司—考虑要点

问题 1

- 销售给折扣店。
- 减少订单量。
- 考虑在英国本土生产，减少交付周期，增加客户的复购机会。

- 将持有的面料库存根据销售数据生产商品。

问题2

- 标准化：其内部品牌（销售给精品店和网店的）。
- 可调整的：其零售客户。

问题3

- 管理风格是非正式的、开放型的、家庭式的，并通过业务绩效来进行奖励。
- 改进措施：通过与员工的沟通、定期评估、由管理层组织的员工社交活动以及培训和指导，让新员工感到获得支持。

C公司—考虑要点

问题1

- 优势：可获得国际性网络、知识和经验，进入全球供应链。
- 劣势：需要更多的适应新市场、全球企业的商业业务、企业文化，对员工需要重新安置或裁员。

问题2

- 复习第4章内容并在课堂上以小组形式完成或独立完成习题。

问题3

- 是的，C公司可以开展相关业务，因为他们已经成功了，而且似乎出现了一个成功的商业战略导致其被收购。
- 如果C公司没有被收购，他们可以开发自己的品牌，通过大量的营销预算建立一个网上销售平台。

第2章

1. 特定时尚产业公司面临相关问题的案例（用于习题1和2）

案例1

A公司是一家快速发展的线上公司，其销售业务是由创始人的个人能力推动的，但该品牌的卖点吸引力不足。作为一家初创企业，它在广告上投入了大量资金（大量现金流出），这种做法推动了最初的销售，但未能建立品牌忠诚度，因为与其他品牌产品相比，其质量较差。

当一家企业开始创业时，会出现一些战略方面的问题，其中一个关键问题是仓储和物流。品牌是通过第三方来实现运输和分销（初始现金流出低），还是自建销售渠道（初始现金流出高）并通过未来的销售来支付这些成本？在这种情况下，该公司选择了后者，这意味着它在分销渠道建设方面产生了高昂的成本，但随着消费者对该品牌的最初兴趣开始减弱，而且它无法让更广泛地域的消费者对该产品保持兴趣，因此它的销量正在下降。简而言之，有大量的现金流出与相应的现金流入不相匹配，导致财务风险增加。

众所周知，电子商务品牌很难扩大规模，由于现金流不足和财务风险高，该公司无法获得贷款融资，因此业务陷入了麻烦。

案例 2

B 公司是一家国际中端市场商业街快时尚零售商。客户分析显示，其目标人群仍然更倾向于在店内购物，但这种模式已经开始改变。作为应对措施，该零售商开始建立其线上业务并减少其开实体店计划。在一年的时间里，其目标人群的购物习惯变化比零售商预测的还要快，而且公司还没有做好准备，拥有太多实体店，以及需要大量库存提供服务。公司也没有提高其在线优惠以吸引足够的销售额来弥补店内客流量的减少。由于营业额下降，这带来了重大的财务风险。重要的一点是，零售商分析了风险并确定了两个最大的威胁在于其商店的数量和盈利能力，以及所持有的库存水平。因此，零售商立即采取行动，关闭表现不佳的商店，显著降低库存水平并继续投资其在线平台。尽管风险尚未完全消除，但已明显降低，并且通过选择性闭店和战略性开店，降低了持有非营利商店的特定风险。

案例 3

C 公司和 D 公司是在英国运营的两个轻奢品牌。C 公司是某个集团旗下的子公司，该集团通过对供应链中的问题负责实现供应链的变化，并将这一做法作为其宣布的发展愿景的一部分。独立零售商 D 公司也有类似的想法。两家公司都发现他们的一个供应商将生产转包给了另一家不道德的工厂。C 公司立即与该供应商解约，并发誓不再与其合作。D 公司则宣布将继续与该供应商合作，对其进行审查并负责改进其供应链。但在话语权强势的消费群体眼中，只能看到 D 公司还在继续与不道德的供应商合作，导致 D 公司最终还是被迫解约。然而，这意味着供应链还是没有任何变化。

案例 4

E 公司是一家国际中端市场高街时尚零售商，专注于为年轻人时尚市场以外的客户群提供时尚且引领潮流的服装。通过对生产的垂直整合，公司在供应链中发展了快速响应的概念。这使其能够以小批量生产形式提供高度定制化的产品，既能响应客户对产品的需求，又能更严格地控制库存。这种商业模式通过"看到就要买，否则买不到"的信息驱动，并能够全价销售产品来抵消其较高的本土生产成本，具有优于竞争对手的竞争优势。这也使许多消费者心目中的快速响应和快时尚之间的界限变得模糊。

与此同时，一些大型的真正的线上快时尚品牌，通过提供不断变化的趋势来满足客户需求。这些公司也正在通过国内工厂进行小批量生产，因为这种靠近终端市场的生产是快速满足消费者需求的关键。此外，这些线上品牌还提供更优惠的价格来吸引那些消费水平较低但又想追求时尚的消费者。这大大降低了 E 公司的竞争优势，销售的下降以及国内或近岸生产成本的提升也增加了财务风险。为了应对风险，E 公司已通过技术手段将其线上业务与线下店铺紧密整合，部分在线订单可在店内取货，通过推动线上和线下销售，显著降低了其财务风险。

案例 5

F 公司是英国一家主要销售运动服装的公司。在经济大萧条期间（2008 ~ 2009 年），公司销售出现了不可预测的大幅下降，董事们开始了一项重大的举债扩张计划。与此同时，这家零售商面临的主要战略问题是，一方面公司的产品比一些竞争对手更昂贵，另一方面公司产品相比一些公司也不够时尚。该公司认为自己是对体育运动最认真的运动服装零售商，但这并没有反映在其提供的产品上，尤其是相关技术的产品不能确保这一市场定位。因此，消费者没有特别的理由在该公司那里购物，而且由于没有明确的卖点，其销售额开始急剧下降。

在破产清算前的五年中，该公司设法充分利用其财务手段来支付到期债务。在破产清算前的年底，其流动比率（见第 2 章）仅略低于预期的行业水平。然而，从更严格的速动比率（见第 2 章）来看，该公司有太多的资产被沉淀在库存中。虽然公司关闭了那些不盈利的店铺，但积压了库存又无法出售，导致其现金储备太低，无法支付其到期的债务。

2010 年，该公司市值在 5 亿英镑左右。但到 2012 年，这一数字已降至 120 万英镑。由于财务风险高，公司无法获得更多贷款，也无法履行现有贷款的还款义务，公司被迫进行破产清算，留下了 1.5 亿英镑的债务，总共损失了约 7000 个工作岗位，还给所有未付款的供应商带来了严重的财务风险。

案例 6

G 公司是一个小型奢侈品牌，由一位设计师领导，她在公司的业务方面遇到了困难，但无法找到一位合适的经理来代她开展这项工作。与许多小型设计师品牌一样，该公司不得不与更大更知名的设计师品牌共享生产设施。这意味着其产品在生产排单中处于弱势地位。一方面公司向原材料供应商付款的压力始终存在，另一方面工厂产品的延迟又潜在地影响了公司销售。综合来看，对现金流的影响是重大的且负面的，极大提高了财务风险水平。尽管该公司有从美国母公司获得的贷款，但英国公司的账目显示其负债远远超过了资产，该公司在英国没有盈利。虽然重组对于该公司来说是一种选择，但很难将现金流改善到足以使财务风险降低到可接受的水平。在经历了一些额外的重大负面问题之后，该公司在成立七年后于 2015 年解散。

2. 与时尚产业零售商相关的主要风险和应对措施及解决方案（用于习题1和2）

以下内容总结了从年度报告中看到的主要业务类型和财务风险，虽然这些国际时尚企业具有不同市场定位和不同运营平台，并且绝大多数风险因素在整个行业中似乎都很常见，但风险的严重程度却因企业运营环境的不同而不同，需要采取多种方法来解决这些风险。

一般风险	特定风险	应对措施及解决方案
汇率损失	● 许多以非本地货币计算的成本和收入，会受到全球经济趋势和政治问题等因素的影响	● 对冲外汇，减少汇差
网络攻击	● 系统故障导致业务中断 ● 重大数据丢失导致声誉损失、财务损失和消费者信任损失	● 系统安全监控 ● 数据丢失的恢复计划 ● 增强员工培训，及时发现攻击风险 ● 增加网络安全投资
业务中断	● 火灾、洪水等自然灾害 ● 关键供应商流失 ● 需要大量的产品召回	● 灾难恢复计划已落实到位 ● 生产拓展，减少对几个关键供应商的依赖 ● 制定质量控制程序来审查供应商和产品，防止问题发生
关键人才流失或无法招聘和激励合适的员工	● 知识和技能的缺口 ● 无法控制的流失率 ● 员工效率低下	● 使用能力地图来显示技能差距 ● 对员工进行调查来确定争论的领域 ● 引进有效的绩效管理和奖励计划（包括非财务奖励）
未能满足消费者的期望和技术要求	● 由于未能在消费者接触点满足预期，或未能提供客户要求的技术平台、在线服务或支持而导致的收入损失 ● 错过了客户参与的机会，导致低增长	● 更有效的IT团队支持运营 ● 开发全渠道功能，以确保在线和店内固定的服务的一致性 ● 用于满足消费者需求的技术创新

一般风险	特定风险	应对措施及解决方案
未能提供适当的产品来满足消费者的需求，包括未能认识到文化差异	● 缺乏对消费者需求的理解 ● 产品不适合文化市场	● 实施战略合作伙伴关系，以受益于专业知识 ● 持续产品创新 ● 产品与关键市场保持一致
产品过时风险	● 因无法以全价销售而降低了利润 ● 处理未售出产品而产生的道德问题	● 跟进订单流程，以改善库存和减少浪费 ● 符合市场的交货日期和数量
社会和环境的可持续发展	● 不断增加的需求导致资源短缺，可能影响可用性、生产、质量和成本 ● 非季节性和极端的天气导致供应链中断和需求的不可预测性 ● 增加监管力度，影响生产成本和灵活性 ● 提高消费者要求的透明度和问责制 ● 社交媒体增加了品牌曝光率	● 引入有关碳排放、废物生产和电力使用的可持续发展计划 ● 介绍注重公平对待工人和保护权利的全球框架 ● 探索可替代的、可持续使用的材料 ● 制订衣物回收计划 ● 通过年度报告增加透明度的实践 ● 监测社交媒体网站，关注消费者的声音，建立品牌忠诚度并识别负面问题
不符合法规或道德标准	● 不合规定 ● 内部或外部未能遵守业务道德政策，包括劳工和环境标准 ● 未能遵守数据保护要求	● 监督外部供应商和合作伙伴是否遵守内部行为规范 ● 对供应商分包的限制 ● 对所有员工的要求和责任的培训计划 ● 建立检举制度
涉及版权、商标、设计侵权侵犯知识产权	● 减少对正品的需求 ● 损害品牌形象和利润	● 追究民事或刑事责任，或协商和解 ● 注册全球商标 ● 阻止假冒产品的流通

一般风险	特定风险	应对措施及解决方案
宏观经济或地缘政治的不稳定	● 外部环境中的波动可能会影响运营和财务业绩 ● 破坏供应链或消费者购买模式 ● 贸易干预，包括配额、限制、补贴和关税，可能导致销售减少和价格上涨	● 通过不聚焦于某个特定市场来分散风险 ● 监控特定领域的政治活动，以防范对企业的威胁
竞争	● 日益激烈的竞争环境 ● 进入门槛低 ● 降低了关键业务驱动因素的有效性，包括品牌和数字营销活动 ● 提供更独特服务的小型科技公司	● 关注特定目标群体 ● 确保产品提供与市场相关 ● 利用知识和经验来推动创新和效率，超越新进入者的能力

习题1和2是用于自我评估的，可以在课堂上以小组形式完成，也可以独立完成。

习题3

单位：千英镑（£'000）

项目	2**4	2**3	2**2	2**1	2**0
A 公司					—
毛利率（%）	28.56	27.12	22.09	26.04	—
营业利润率（%）	13.89	9.89	3.12	4.14	—
流动比率：1	1.48	1.12	0.96	1.07	—
速动比率：1	0.77	0.31	0.34	0.38	—
B 公司			（8个月）		（16个月）
毛利率（%）	23.37	24.35	25.96	30.71	25.17
营业利润率（%）	5.45	5.71	8.98	9.18	3.95
流动比率：1	1.64	1.41	1.98	3.16	2.42
速动比率：1	1.46	1.28	1.69	2.89	2.20
C 公司					
毛利率（%）	23.23	18.61	16.52	15.07	17.85

项目	2**4	2**3	2**2	2**1	2**0
C 公司					
营业利润率（%）	5.18	0.67	−0.09	−1.24	0.80
流动比率：1	2.93	2.75	2.10	2.32	2.38
速动比率：1	2.05	2.06	1.29	1.75	1.88

毛利率（GPM）

A 公司和 B 公司的结果表明，它们的表现超出了预期，因为它们高于了一家价值公司 20% ~ 25% 的行业目标。公司 C 的利润率在 2**0 ~ 2**3 年过低，但公司随后在 2**4 年度改善并升至目标水平以上。毛利率过低，表明了公司在全价销售产品时遇到问题，或者其在供应链中没有强有力的发言权，因此其产品的成本相较于销售价格太高了。B 公司对其供应链的控制力度最大，这也反映在其持续提高的利润率上。

营业利润率（OPM）

价值型零售商的平均 OPM 为 7%。在每个案例中，公司最好的 OPM 都出现在 GPM 较高的年份，这表明 OPM 的下降是 GPM 下降的连锁反应。当利润率低于平均水平时，可能表示出公司对其运营成本的控制不力。然而，并不能由此肯定公司利润低得无法接受，因为 KPI 是根据企业战略来充分考量的。自家公司都有可能尝试扩张或重新定位，这会涉及额外的运营费用，其最终结果是希望这些费用能够推动未来销售的增长并产生更多利润。因此，当前的利润率表现不佳可能是由于深思熟虑的战略决策的结果，而不是运营成本失去了控制的结果。

流动比率（CR）和速动比率（QR）

这些公司都是品牌产品的供应商，而不是销售自己的产品。因此，这里应该使用一般企业的流动性指标范围，而不是特定的零售时尚企业的流动性指标范围。因此，流动比率的参数是（1.5 ~ 2.5）：1，而速动比率应该是 1：1。基于这个指标，A 公司在 2**4 年的流动性较好，但其他年份的流动性都较低。主要问题反映在 QR 上，在

2**4 年的水平已经低了，而在其他年份中都太低。显然，该公司在债务到期时设法偿还了债务，这表明它需要一些现金才能做到这一点。这两个比率之间的差异表明公司库存水平可能过高，公司需要促销来降低库存水平并改善业务的现金流入。

B 公司在 2**1 年的 CR 过高，但其他方面都不错，表明它有足够的流动性来偿还到期债务。然而，QR 每年都太高，表明该公司没有足够的库存来真正满足客户的需求，这可以解释为什么有些年份的销售额会下降。C 公司的 CR 接近 2**0 ～ 2**2 年的顶端，并超过了 2**3 和 2**4 年的水平。这表明公司具有良好的流动性和偿还到期债务的能力。然而，与 B 公司一样，QR 看起来过高，也表明该公司持有的库存太少。销售额的再次下降，表明由于缺乏库存，客户的需求并未真正得到满足。这总体表明，虽然两家公司都不需要采取行动来改善其流动性，但两者都需要考虑增加其库存水平并改善库存水平与流动资产总额之间的平衡。

注意：在解释 KPI 时，要牢记实现企业的战略目标非常重要。例如，如果公司业务是国际化或全球化，那么它在早期主要努力实现的目标是提高品牌知名度，它可能就需要使用大量现金资源来开设门店、开发网站或推广品牌。因此，公司不会期望在这些年达到其通常的销售增长、盈利能力和流动性水平，而且可能得到的数据水平会更低。

第 3 章

要根据给定的比例计算每种颜色和尺码的服装数量，计算步骤如下：

1. 以总订单数量（3600 件）为例。
2. 将所有比例（20）相加。
3. 将总订单数量除以总比例（3600 ÷ 20= 180）。
4. 因此，"1" 比例等于 180 件，2 比例等于 360 件。

颜色	尺码			
	10	12	14	16
藏青的	180 件	180 件	180 件	180 件
红色的	180 件	180 件	180 件	180 件
白色的	180 件	360 件	360 件	180 件
黑色的	180 件	360 件	360 件	180 件

第 4 章

款式说明	每种款式的订单数量（件）	发货日期	邮寄日期	给分销商的销售价格（欧元）	售价（英镑）	工厂名称	出厂价（美元）	购入价（英镑）	包装和检测成本（英镑）	运费（英镑）	每种款式的成本（英镑）	每种款式的毛利润（英镑）	每种款式的利润率（%）	每种款式的总销售额（英镑）	每种款式的总毛利润（英镑）
刺绣衬衫	7600	6月30日	7月29日	8.5	7.26	D	3.50	4.66	0.55	0.50	5.71	1.55	21	55176.00	11780.00
珍珠纽扣衬衫	3000	6月30日	7月29日	8.35	7.14	C	3.20	4.26	0.55	0.50	5.31	1.83	26	21420.00	5490.00
蝴蝶结衬衫	4800	6月30日	7月29日	7.95	6.79	C	3.50	4.66	0.55	0.50	5.71	1.08	16	32592.00	5184.00
褶边衬衫	2000	6月30日	7月29日	8.15	6.97	C	4.00	4.26	0.55	0.50	5.31	1.66	24	13940.00	3320.00
贴花衬衫	5600	6月30日	7月29日	8.2	7.01	D	3.75	4.99	0.55	0.50	6.04	0.97	14	39256.00	5432.00
总计	23000													162384.00	31206.00

第5章

这些习题是用于自我评估的，可以在课堂上以小组形式完成，也可以独立完成。

第6章

习题1

直接材料成本	直接人工成本	其他直接费用
b	a	e
d	c	j
f	h	l
g	k	r
i	p	
m		
n		
o		
q		
s		

习题2

直接材料成本	直接人工成本	其他直接费用	间接生产成本	期间费用
a	b	r	d	i
c	e	u	g	j
j	f		h	k
l	j		o	m
n	p		s	o
x	y		t	q
			v	s

直接材料成本	直接人工成本	其他直接费用	间接生产成本	期间费用
				w
				z

请注意，有些费用可能属于多个成本类别。

习题 3

间接材料成本	间接人工成本	其他间接费用
a	b	e
f	c	g
k	d	h
o	i	j
p	l	
	m	
	n	

习题 4

销售费用	管理费用	财务费用
a	c	e
b	d	f
i	g	h
k	j	n
l	m	
	o	
	p	

第7章

习题1

Bern Heart Fashions 公司期间成本报告——20** 年 8 月

单位：英镑（£）

成本类型	成本要素			金额	合计	
生产成本	直接成本	直接材料成本	期初库存价值	2500	94780	102168
			期间购买成本	86700		
			期末库存价值（减）	2800		
		直接人工成本	裁剪工人工资	2300		
			车缝工人工资	3500		
			印花和后整理工人工资	2580		
	间接生产成本	间接人工成本	厂长工资	3800	7488	
		其他间接费用	供暖、照明和电费（工厂）	3150		
			保险（工厂）	188		
			工厂设备（折旧）	350		
	在制品的期初价值（加）			4250		
	在制品的期末价值（减）			4350		
期间费用	行政人员工资			2680	3912	
	供暖、照明和电费（办公室）			1050		
	保险（办公室）			62		
	银行手续费			120		
总成本					106080	

习题 2

Spring Garments 公司期间成本报告——20** 年 5 月

单位：英镑（£）

成本类型	成本要素			金额	合计	
生产成本	直接成本	直接材料成本	期初库存价值	7800	102690	117700
			期间购买成本	8800		
			内部运费	230		
			直接材料的退货（减）	340		
			期末库存价值（减）	9200		
		直接人工成本	裁剪工人工资	4400		
			车缝工人工资	8600		
			压整工人工资	3200		
	间接生产成本	间接人工成本	厂长工资	4500	15610	
		其他间接费用	清洁费（工厂）	4800		
			租金和营业税（工厂）	4480		
			保险（工厂）	200		
			杂费	130		
			工厂机械、家具和配件（折旧）	1500		
	在制品的期初价值（加）			5600		
	在制品的期末价值（减）			6200		
期间费用	行政人员工资			2250	5820	
	清洁费（办公室）			1600		
	租金和营业税（办公室）			1120		
	保险（办公室）			50		
	邮费和文具			380		
	银行费用和利息			420		
总成本				123520		

习题 3

直接材料分析——20** 年 10 月。

单位：英镑（£）

项目	灰色涤棉布	蓝色牛仔布	素色印花布	白棉布	蓝棉布	衬布	纽扣	缝纫线	拉链
期初库存价值	320	2100	2200	2100	1350	3400	1050	860	380
购买材料成本	3500	4200	2500	2500	—	1600	680	1200	—
运入量	125	—	80	—	—	—	—	—	—
期末库存价值	480	1200	860	1400	1250	2250	340	250	380
直接材料成本	3465	5180	3840	3200	100	2750	340	250	—

第 8 章

习题 1

Mercia Fashions 公司

单位：英镑（£）

直接材料			
面料	20000 × 1.4	5.20	145600.00
拉链	20000	0.45	9000.00
纽扣	20000 × 3	0.01	600.00
衬布	20000	0.25	5000.00
缝纫线	20.000	0.20	4000.00
直接材料成本		164200.00	
直接人工			
裁床	3 × 6	11.05	198.90
粘衬	4	6.25	25.00
缝纫	20000 × 10/60	6.75	22500.00
熨烫	20000 × 0.5/60	7.15	1191.67
包装	20000 × 0.4/60	6.25	833.33
直接人工成本		24748.90	

生产成本			
裁床	3×6	15.20	273.60
粘衬	3	6.70	20.10
缝纫	22500	180%	40500.00
熨烫	20000×0.5/60	7.60	1266.67
包装	833.33	150%	1250.00
间接生产成本		43310.37	
生产成本		232259.27	
期间费用	232259.27	5%	1162.96
总成本		233422.23	
单位成本		11.67	

习题 2

Frankfurt Fashions 公司

项目	工序		
	裁剪	缝纫	熨烫/后整
预估间接成本（英镑）	24000	96000	22000
服务间接成本（英镑）	6500	35600	6700
维护费用（英镑）	7500	23400	6000
清洁费用（英镑）	4500	25500	10500
总计（英镑）	42500	180500	45200
直接工时（小时）	5500	18240	5000
机器工时（小时）	3600	—	—
直接人工成本（英镑）	71000	114200	33500

间接成本吸收率

裁剪车间

$$\frac{总间接成本}{机器工时数} = \frac{42500}{3600} = 11.83（英镑/机器小时）$$

缝纫车间

$$\frac{\text{总间接成本}}{\text{直接人工工时}} = \frac{180500}{114200} \times 100\% = 158.06\% \text{（占直接人工成本）}$$

熨烫 / 后整

$$\frac{\text{总间接成本}}{\text{直接人工工时}} = \frac{45200}{5000} = 9.04 \text{（英镑 / 直接工时）}$$

习题 3

Offas Fashions 有限公司

工作成本——工作编号：1578/003

单位：英镑（£）

成本要素	费用
直接材料成本	221875.00
直接人工成本	46280.80
间接成本	72641.20
生产成本	340797.00
期间费用	17039.85
总成本	357836.85
单位成本	7.16

习题 4

Wessex Wear 有限公司

工作成本——工作编号 1679/003

单位：英镑（£）

成本要素	费用
直接材料成本	68562.50
直接人工成本	20154.17
间接成本	32107.26
生产成本	120823.93
期间费用	6041.20
总成本	126865.15
单位成本	5.07

第9章

习题1

固定成本、可变成本、半可变成本

成本要素	固定成本	可变成本	半可变成本
缝纫线		√	
建筑保险费	√		
供暖、照明、电费			√
衬布			
衬衫纽扣	√	√	
厂长工资		√	
黏衬机操作员的工资			
营业税	√	√	
办公用品费用	√		
电话费用			√
裁剪车间工资		√	
接待员的工资		√	
熨烫车间工资	√	√	
裤子拉链		√	
盒装衬衫的盒子			

成本要素	固定成本	可变成本	半可变成本
运输车辆费用			√
食堂员工工资	√		
银行贷款利息	√		
银行手续费	√	√	
服装面料			

习题2

Fallowfield Fashions 公司

单位：千英镑（£'000）

项目	长袖衬衫	短袖衬衫	女式衬衫款式A	女式衬衫款式B	总计
销售额	200	160	90	150	600
可变成本	145	115	92	103	455
贡献	55	45	−2	47	145
固定成本	140				
净利润	5				

如果 Fallowfield Fashions 公司根据当前信息将女式衬衫款式 A 从其产品系列中剔除，公司将损失 90000 英镑的销售收入，但也会消除 92000 英镑的可变成本，从而消除 2000 英镑的负贡献，并将利润从 5000 英镑增加到 7000 英镑。

习题3

Melton Fashions 公司

单位：英镑（£）

项目	款式A	款式B	款式C	总计
确认业务销售额	35000	32000	27200	94200
可变成本	26600	22400	70600	21600
贡献	8400	9600	5600	23600
固定成本	20000			

项目	款式 A	款式 B	款式 C	总计
净利润				3600
可能的额外业务销售额（500×31）			15500	
可变成本（500×27*）			13500	
额外贡献				2000
接受额外订单的净利润				5600

* 每件衣服的可变成本：21600÷800=27（英镑）。

第 10 章

习题 1

产量 （件）	固定成本 （英镑）	可变成本 （英镑）	总成本 （英镑）	销售额 （英镑）	利润 （亏损）（英镑）
0	32000	0	32000	0	（32000）
1000	32000	48000	80000	56000	（24000）
2000	32000	96000	128000	112000	（16000）
3000	32000	144000	176000	168000	（8000）
4000	32000	192000	224000	224000	盈亏平衡点
5000	32000	240000	272000	280000	8000
6000	32000	288000	320000	336000	16000
7000	32000	336000	368000	392000	24000

盈亏平衡点是销售额达到 32000÷（8÷56）=224000（英镑）时，或是服装在销量达到 224000÷56=4000（件）时。

习题 2

该企业每售出 4 件服装，其中 3 件将获得 75 英镑，1 件将获得 32 英镑。可得出每 4 件衣服的销售额为 107 英镑（3×25+1×32=107）。

这 4 件衣服的可变成本计算为：24×4=96（英镑）。

因此，贡献计算为：107−96=11（英镑）。

盈亏平衡点在销售额达到 70000÷（11÷107）=680910（英镑）时，或销量大约为 25456 件夹克（四舍五入）时。

产量 （件）	固定成本 （英镑）	可变成本 （英镑）	总成本 （英镑）	销售额 （英镑）	利润（损失） （英镑）
25456	70000	610944	680944	25456 × 75% × 25=477300（大客户） 25456 × 25% × 32=203648（其他）	4

习题 3

单位：英镑（£）

项目	费用
可变成本（14000×15）	210000
固定成本	47000
总成本	257000
所需利润	23000
销售额	280000

每单售价计算为：

$$\frac{280000}{14000}=20（英镑 / 双）$$

第11章

习题 1

Debidall 有限公司

单位：英镑（£）

项目	4月	5月	6月	7月	8月	9月
预算收入	6400	5400	7400	6800	6300	6500
预算开支						
付款	3500	3600	2600	4200	3400	3100
工资和薪金	1900	1900	2100	1900	1900	1900
供暖、照明和电费		500			500	

项目	4 月	5 月	6 月	7 月	8 月	9 月
保险				180		
杂费	140	140	140	140	140	140
总成本	5540	6140	4840	6420	5940	5140
净现金	860	−750	2560	380	360	1360
上月余额	1800	2660	1910	4470	4850	5210
转结余额	2660	1910	4470	4850	5210	6570

习题 2

Flare Fashions 有限公司

（1）销售滞后分析

月份	预算销售额（英镑）	10 月（千英镑）	11 月（千英镑）	12 月（千英镑）	1 月（千英镑）	2 月（千英镑）	3 月（千英镑）	4 月（千英镑）
10 月	1200	600	552					
11 月	1100		550	506				
12 月	1000			500	460			
1 月	1400				700	644		
2 月	1200					600	552	
3 月	1100						550	506
现金预算			1102	1006	1160	1244	1102	

（2）现金预算

单位：千英镑（£'000）

项目	1 月	2 月	3 月
预算收入 – 销售额	1160	1244	1102
预算开支：工资和薪金	60	60	60
预算购买	365	335	370
可变间接成本	196	175	196
固定成本	200	161	200

项目	1月	2月	3月
公司税	750		
股息			500
资本支出	1000		700
总预算成本	2571	731	2026
净现金	−1411	513	−924
上月余额	145	−1266	−753
结转余额	−1266	−753	−1677

习题 3

材料价格差异

$$420 \times （3.25-3.30）=-21（英镑）不利$$

$$3.25 \times （450-420）=97.50（英镑）有利$$

$$净差异 =76.50（英镑）有利$$

工资率差异

$$76 \times （6.20-6.25）=-3.80（英镑）不利$$

劳动效率差异

$$6.20 \times （75-76）=-6.20（英镑）不利$$

$$净差异 =-10（英镑）不利$$

习题 4

Collars 有限公司

这是一道用于自我评估的练习题，请参考之前的习题进行分析。

习题 5

Relax and Go 公司——模式 1

单位：英镑（£）

项目	4月	5月	6月	7月	8月	9月
预算收入						
个人投入	2000					
银行贷款	12000					
预算销售	10500	10500	10500	10500	10500	10500
总预算收入	24500	10500	10500	10500	10500	10500
供应商采购	6500	6500	6000	6000	6000	6000
租金及服务费	2250	2250	2250	2250	2250	2250
营业税	600					
保险	160					
交通费用	350	100	100	100	100	100
电话费用			180			180
办公用品	250	50	50	50	50	50
银行贷款（还款和利息）	459	459	459	459	459	459
银行手续费			85			85
厢式货车	6500					
店铺装修	7000					
收银机	500					
总预算成本	24569	9359	9124	8859	8859	9124
净现金流	−69	1141	1376	1641	1641	1376
上月余额	0	−69	1072	2448	4089	5730
转结余额	−69	1072	2448	4089	5730	7106

Relax and Go 公司——模式 2

项目	4 月	5 月	6 月	7 月	8 月	9 月
预算收入						
个人投入	2000					
银行贷款	12000					
预算销售	3500	5500	6500	7500	8500	10500
总预算收入	17500	5500	6500	7500	8500	10500
供应商采购	6000	2000	2500	3000	5000	6000
租金及服务费	2250	2250	2250	2250	2250	2250
营业税	600					
保险	160					
交通费用	350	100	100	100	100	100
电话费用			180			180
办公用品	250	50	50	50	50	50
银行贷款（还款和利息）	459	459	459	459	459	459
银行手续费			85			85
厢式货车	6500					
店铺装修	7000					
收银机	500					
总预算成本	24069	4859	5624	5859	7859	9124
净现金流	−6569	641	876	1641	641	1376
上月余额	0	−6569	−5928	−5052	−3411	−2770
转结余额	−6569	−5928	−5052	−3411	−2770	−1394

Relax and Go 公司——模式 3

单位：英镑（£）

项目	4 月	5 月	6 月	7 月	8 月	9 月
预算收入						
个人投入	2000					
银行贷款	12000					
预算销售	12000	7000	7000	7500	8500	10500
总预算收入	26000	7000	7000	7500	8500	10500
供应商采购	8500	3500	4000	4000	6500	6000
租金及服务费	2250	2250	2250	2250	2250	2250
营业税	600					
保险	160					
交通费用	350	100	100	100	100	100
电话费用			180			180
办公用品	250	50	50	50	50	50
银行贷款（还款和利息）	459	459	459	459	459	459
银行手续费			85			85
厢式货车	6500					
店铺装修	7000					
收银机	500					
总预算成本	26569	6359	7124	6859	9359	9124
净现金流	569	641	−124	641	−859	1376
上月余额	0	−569	72	−52	589	−270
转结余额	569	72	−52	589	−270	1106

习题 6

Twinkle toes 公司现金预算表

单位：英镑（£）

项目	11月	12月	1月	2月	3月	4月
预算收入						
个人投入	15000					
银行贷款	5000					
预算销售	2000	10000	4000	4500	5000	6000
总预算收入	22000	10000	4000	4500	5000	6000
供应商采购	10000	4000	2000	2000	3000	1500
租金	2000	2000	2000	2000	2000	2000
营业税	650					810
水电费			200			200
兼职员工的工资	240	240	240	240	240	240
广告费	100					
办公用品	30	30	30	30	30	30
运输费	50	50	50	50	50	50
银行贷款（还款和利息）	174	174	174	174	174	174
银行手续费			100			100
店铺装修	10000					
收银机	500					
总预算成本	23744	6494	4794	4494	5494	5104
净现金	−1744	3506	−794	6	−494	896
上月余额	0	−1744	1762	968	974	480
转结余额	−1744	1762	968	974	480	1376

习题 7

Jean's Jeans 有限公司

单位：英镑（£）

项目	生产 24000 条时	生产 25000 条时	生产 26000 条时
直接材料成本	96000	100000	104000
直接人工成本	38400	40000	41600
间接劳动成本	40800	42000	43200
供暖、照明电费	9750	10000	10250
固定支出	9500	9500	9500
总成本	194450	201500	208550

第 12 章

这些习题是用于自我评估的，可以在课堂上以小组形式完成，也可以独立完成。

第 13 章

以小组形式讨论为什么作业成本法可以在制造情况下给出更现实的产品成本。

习题 1

活动成本	成本池
机器折旧	机器活动
货车司机工资	分销
管理部门工资	接收
面包车运输成本	分销
质量控制人员工资	质量检验
机器维修费用	机器活动
机器所需配件	机器活动
质量控制人员培训	质量检验
包装费用	分销

活动成本	成本池
机械电力成本	机器活动
机器管理费用	机器活动
材料存储成本	接收
面料测试费用	质量检验
机器清洁费用	机器活动

习题 2

成本	成本动因
机器维修费用	机器工时
设置和重新校准成本	设置次数
质量检验费用	产量 / 产量
采购成本	订单量
机器管理费用	机器工时
派送成本	产量

习题 3

Great Activity 有限公司

（1）吸收成本法——基于直接劳动力的百分比

单位：英镑（£）

成本类型	A	B	C	D
直接材料成本	45000	30400	37200	28000
直接人工成本	13000	10400	9900	8250
间接成本	25499	20400	19419	16182
总成本	83499	61200	66519	52432
单位成本	8.35	7.65	11.09	10.49

（2）作业成本法

单位：英镑（£）

成本要素	A	B	C	D
直接材料成本	45000	30400	37200	28000

成本要素	A	B	C	D
直接人工成本	13000	10400	9900	8250
间接成本				
生产设置	5200	6500	3900	3900
机器活动	8974	9573	8974	7479
接收	3200	4000	2400	2400
包装发货	5200	4160	3120	2600
总成本	80574	65033	65494	52629
单位成本	8.06	8.13	10.92	10.53

（3）比较

单位：英镑（£）

成本核算方法	A	B	C	D
传统吸收法	8.35	7.65	11.09	10.49
作业成本法	8.09	8.13	10.92	10.53

吸收成本基于：

直接人工成本的百分比为：$81500 \div 41500 \times 100\% = 196.2\%$

作业成本基于：

项目	计算过程	金额
设置	$19500 \div 15$	1300 英镑每次设置
机器活动	$35000 \div 5850$	5.983 英镑每机器小时
材料接收	$12000 \div 15$	800 英镑每次生产运行
包装发货	$15000 \div 29000$	0.52 英镑每件衣服

习题 4

Ranjan 有限公司

单位：英镑（£）

成本要素	Ven	Wen	Xen	Yen	Zen
面料成本	250000.00	150000.00	200000.00	200000.00	240000.00

成本要素	Ven	Wen	Xen	Yen	Zen
物流（远东）	45000.00	30000.00	15000.00	15000.00	15000.00
管理费用（远东）	17250.00	10350.00	8625.00	6900.00	6900.00
船运	51700.00	31020.00	25850.00	20680.00	20680.00
物流（欧洲）	40000.00	40000.00	20000.00	10000.00	10000.00
管理费用（欧洲）	15000.00	15000.00	15000.00	15000.00	15000.00
财务与货币成本	3125.00	3125.00	5000.00	6250.00	7500.00
总成本	422075.00	279495.00	289475.00	273830.00	315080.00
单位成本（每米）	8.44	9.32	11.58	13.69	15.75

第 14 章

习题 1

Ambladec 有限公司

投资回收期：2.67 年

净现值

单位：英镑（£）

净现金流入	15% 贴现率	现值
第一年 100000	0.8696	86960
第三年 200000	0.7561	151220
第三年 300000	0.6575	197250
合计		435430
资金成本		400000
净现值		35430

习题 2

Provinces 有限公司

位置 1

投资回收期：1.61 年

净现值：286210 英镑

折现投资回收期：1.81 年

位置 2

投资回收期：1.82 年

净现值：235277 英镑

投资回收期：2.05 年

根据所提供的数据，位置 1 似乎是最佳选择，其投资回收期比位置 2 的投资回收期短，净现值比位置 2 的净现值高，折现回收期比位置 2 的折现回收期低。

习题 3

Ember 控股公司

1. 同时使用投资回收期和净现值的两种选择

机器使用满六年的情况：

单位：英镑（£）

净现金流入	12% 贴现率	现值
第一年 4000	0.8929	3571.60
第二年 6500	0.7972	5181.80
第三年 10000	0.7118	7118.00
第四年 9000	0.6355	5719.50
第五年 2000	0.5674	1134.80
第六年 1500	0.5066	759.9
合计	23485.60	
资金成本	24000.00	
净现值	（514.40）	

这给出了负的净现值，表明该项目不可行。

机器仅使用四年的情况：

净现金流入	12% 贴现率	现值
第一年 4000	0.8929	3571.60
第二年 6500	0.7972	5181.80
第三年 10000	0.7118	7118.00
第四年 9000	0.6355	5719.50
第四年 −4000（报废）	0.6355	2542.00
合计	24132.90	
资金成本	24000.00	
净现值	132.90	

这至少会产生一个数值较小的正净现值。

2. Ember 控股公司 – 机器 Q

机器 Q 使用整 6 年情况：

初始资本成本为 16800.00 英镑

3 年末再购买的资本成本为 18000 × 0.7118=12812.40（英镑）

总资本成本为 29612.40 英镑

注意：如果资本成本是在项目后期进行的，也需要折现。

从第一种情况的总现值 23485.60 英镑对比本次的 29612.40 英镑，得出的净现值差距为 −6126.80 英镑，说明此项目不可行。

3 年情况：

前 3 年的流入贴现 15871.40 英镑减去资本成本 16800 英镑，也得出负的净现值，即 −929 英镑，因此项目也不可行。

习题 4

Zenco 股份公司

这是一道用于自我评估的练习题，请参考之前的习题进行分析。

习题 5

Hostigen 股份公司

投资回收期： 机器 A=3.56（年） 机器 B=3.96（年）

加权平均资本成本率： 9%

净现值： 机器 A=11131（欧元） 机器 B=（3803）（欧元）

决策： 机器 A 的投资回收期最短，正净现值最高，因此机器 A 将是首选。机器 B 的投资回收期更长，接近 4 年，并且为显著的负净现值，因此机器 B 项目要被拒绝。

致谢

编写教科书可能是一项孤独的工作，因此获得同事提供的帮助和建议十分有用。感谢曼彻斯特城市大学的所有人（不胜枚举），感谢他们在这部作品的制作过程中支持我们。